走在大道上

——我的人生记录

第二卷

[日] 池田大作 著
卞立强 张彩虹 译

湖南师范大学出版社

前言

对于我来说，户田城圣先生既是导师，也可以说是父亲。他1900年2月11日出生于现在的石川县盐屋町。今年——2000年，恰逢他诞辰一百周年。

当时，世界到处都刮起殖民地统治的风暴。日本也在富国强兵的政策下，加快近代化。

恩师诞生的那一天——一百年前的2月11日、星期天的《东京日日新闻》（现在的《每日新闻》）上，刊出这样一类的大标题："俄国军舰集结"、"要塞炮兵队长教育召集"等。

在此四年后的2月，爆发了日俄战争。

另外，《矿毒受害百姓大举暴动》的报道，告诉人们当时深受尾铜山矿毒之苦的农民们，以青年为骨干，奋起斗争的情景。

但是，日本这次最早的反公害斗争，两天后遭到残酷的镇压，很多人负了伤。

田中正造对此极其愤慨，在国会中大声怒吼，发表了"杀害民众就是杀害国家"的讲演。

从一百年前报纸上反映出来的"光"与"影"，看来也可以窥视出以后20世纪的动向。

我们通过和平哲学团结民众，就是由生活在这样的时代氛围中的牧口常三郎首任会长、户田城圣第二任会长构想和创始的。

在日俄战争前夕激烈的"军事竞争"中，牧口会长提倡"人道竞争的世纪”，展望了人类的共生。在冷战的漩涡中，户田会长最早呼吁“地球民族主义”的理念，主张废除核武器。

两位先生都非常重视立足于“生命的尊严”的人性教育，企图将这种教育的充实和变革作为出发点。

因而提出了“创价教育学会”的名称，开始了草创时期的对话活动。

这是1930年的事。

等待时机，创造时机——殉身大难的两位先师实践的力量，令人感慨无量。今年也是创价学会创立70周年。

本书作为题名《走在大道上》的第二卷，收录了分24次在《第三文明》、《大白莲华》杂志上连载的《我的人生记录》。

时间过得真快，开始执笔以来，已经快五年了。

从1975年1月26日创立SGI（国际创价学会）开始写起，每月一次，按时间顺序，原原本本地撰写了人生春秋。

也许是由于每天的日子都激烈地变化，想写下来留存的事情意外地多，连载终于写到了10年前的阶段。

今年我已经72岁。

每年都充满了起伏曲折，人生的记录也像没有尽头的磁带，好像怎么也写不完。

这也许反而是有分量的人生的证明。我这么说服自己，在繁忙的空隙，提笔写人生。

静静地回顾过去，我生来体质虚弱，以为自己活不长，所以决心把生命献给恩师，日复一日，如同翻日历一样，拼命地坚持活下去。

正因为这样，恩师户田先生一面激励我“要长远活下去”，一面对我进行长达十年的熏陶，塑造了我全部人格，对我有着笔墨难以尽述的深厚大恩。

对于一直支持我到今天的所有的人们，我也不禁要深深地感谢。

总之，我在这部连载的第一回里谈到过 SGI 是由 51 个国家和地区的代表参加而创立的。而现在它已经发展到 148 个国家和地区。

我们的文化与教育、和平与人权的人道主义的运动已发展到全世界。牧口、户田两位先生该多么高兴啊！

SGI 成立的时候，我作为参加人之一，要求写下自己的名字，我在其国籍栏中填写上“世界”。在成立大会上，我向各国代表简捷地发出了呼吁。在那里满含着我的一切真情。我呼吁道：

“希望大家胸怀的不是使自己显赫扬名，而是向全世界播下和平这一妙法的种子，完成自己宝贵的一生。”

“我自己也这么做。”

继恩师之后的不二的精神斗争将永无止境。《走在大道上》也越过了世纪，其命运看来也要无限地延续下去。

最后，向继第一卷之后，继续为本书的出版付出辛劳的《每日新闻》社的出版局长山本进先生、责任编辑清水香臣先生等有关人员，表示衷心的感谢。

池田大作

2000 年 2 月 11 日

恩师诞辰 100 周年的吉日

目录

访问恩师的故乡（1982—1983）

国宝即民心（1984—1986）

迎来花甲之年（1987—1989）

访问恩师的故乡

（1982—1983）

访问恩师的故乡

恩师户田城圣（创价学会第二任会长）先生的故乡厚田（北海道厚田郡厚田村），对于我这个弟子来说，是令人怀念的“心灵的故乡”。时隔四年再访，故乡的海与山仍然以她的亲切与温情拥抱了我。

1982 年 6 月，我拜访了久违的厚田。这是我辞去会长职务后①的首次造访。多年来的乌云已被吹散，学会开始再次飞翔。不过，争取新的前进的战斗还刚刚开始。

如果是恩师，现在将会说什么？如果是恩师，将会怎么做？我要在故乡厚田跟恩师请教。

从札幌到厚田的路程，以前驾车要花三个小时，现在公路经过修整，只需一个小时左右。在北海道晴朗的夏空下，大地的远方渐渐地可以看到纪念恩师的户田纪念墓地公园（当时是户田纪念墓苑）。

开园已经五年的纪念墓园里，早已聚集了许多友人。广阔的墓园内部修整得极其美观。我的脑海里突然浮现出恩师的话：“完美

---

① 1979 年 4 月 24 日，辞去创价学会会长，任名誉会长。

的工作，不付出常人两百倍、三百倍的努力，是做不成的。”这么大的墓园，修整得如此美观，付出了多么大的辛劳啊！对于有关的人员，我衷心地表示感谢。

除了冰封雪冻的季节外，荣幸的是户田墓园受到当地的人民的欢迎。据说这里还作为各种活动的会场来使用，成为社区友好的广场。不仅是户田墓园，所有创价学会创建的墓园，人们都认为它明朗、美丽，具有开放性。广阔的墓园的内部也很美观，与其说是墓地，不如说更像公园。来访的不仅仅是学会的会员，在平常的日子，回荡着来远足的幼儿园小朋友欢乐的声音。一到休息的日子，社区的人们还来野游。

而且，每个墓区都是同样规格，同样大小，人们首先认为这是平等的、民主的，给予了好评。

总之，它彻底更新了墓地这个词给人的一般印象。

这种墓地的营造方式，也是经过多年的深思熟虑而得出的成果。

有人会按照佛法的本义，对是否需要墓地，提出疑义。近年来，关于葬礼和墓地的方式，也展开过广泛的讨论。我所尊敬的中国的周恩来总理，曾在遗言中要求把自己的骨灰撒到祖国的山河中去。我认为这也是一种见解。

不过，现实中希望建墓园的声音还是占多数。这也是事实，何况学会还有过这样的历史：佛教的其他宗派认为，“入了学会的家庭就不再是寺院的施主，因此要求（将以前的坟墓）从寺院的墓地里迁出去。”最近就发生过有关寺院的墓地的问题，阴谋策划破坏佛法。学会的会员们迫切地希望拥有一个“家人、亲属能安心会聚的墓园”。怎样才能建成一个可以称之为“生命的憩息之所”的墓园呢？以前我经常思考这个问题。

恩师曾经教导我学习生动事例的重要性。比如说，一有获得很好发展的团体或企业，恩师就要我研究它们为什么获得发展，如有值得借鉴的优点，也要尽量吸收进学会的运动中来。随便地凭着性子干工作，会一事无成。

关于墓园的设想，我也是视察了欧美各国的墓地，按自己的需要，反复地进行了研究。在日本，一说起墓地，总令人有一种寂寞凄凉的感觉。但在这一点上，美国的一些纪念公园，总是很明朗的，首先具有开放性。能不能设法运用这样的事例呢？——现在各地看到的墓园，就是经过这样的讨论研究产生的。

而其中第一座墓园，就是作为对恩师的报恩，在厚田建造的。

傍晚，和厚田村的村长及村民们作了交谈。恩师对故乡有着一种可以称之为“乡土之恩”的感情。生前曾做过向故乡的小学赠书之类的事情，为村子的发展操劳费心。我知道恩师这样的心意，所以在访问厚田的时候，早就作了思想准备，要尽可能多与村民们见面交谈。

在这儿的谈话中，偶尔也提起恩师的“故居”。恩师两岁时从石川县搬迁到这里，一直到去东京前的岁月都是在这个家里度过的。1978 年 10 月，随着厚田川的整修，承蒙厚田村村民的好意，把故居按原来的面貌移建到村内的厚田公园。

也是由于村民的建议，第二天，我立即去拜访了恩师的故居——房子矗立在一个绿色的小山丘上，门前立着一根柱子，上面写着“户田城圣师生家”几个大字。房子里也摆放着家具之类等与恩师有关的物品，展现了往日的生活情景。

在窗边，恩师曾凭借煤油灯微弱的光亮，全神贯注地阅读古今的名著吧；在地炉边，曾和父母畅谈自己的青云之志吧。尽管这里并不是恩师生活过的那个真正的家，但也足以使人缅怀伟人的“古城堡”。

一边和同行的友人拍摄纪念照片，一边眺望远方。在日光、月光下闪烁的日本海、悬崖峭壁、厚田的渔港，还有厚田川，尽都一览无余。在哺育了恩师青春时代的风光中，我不禁想起第一次被恩师带到厚田来的日子。

把恩师的心意传给世界，传给后世

那是 1954 年 8 月的事。恩师 54 岁、我 26 岁——我们坐在曾因鲱鱼渔业而繁荣的海边，恩师怀念地谈起往日的种种回忆。

恩师 20 岁那年的冬天，决心离家去东京。他收购了厚田河边生长的醋栗，以好的价钱卖出去，用赚得的钱买了给父母的礼品，跟父母告了别。

父亲把户田家祖传的一把日本刀，母亲把连夜缝制的一件厚棉布衣服送给恩师饯别。战前恩师因受镇压而入狱，出狱后，那件衣服仍然完好地保存在家中，恩师感慨地说："只要衣服还在，那就不要紧了。一切都还存在啊！"……

恩师不只是回忆往事，而是作为父母非得要把这些充满慈爱的话传给孩子。

夏日的傍晚，不知什么时候太阳已把天空和大海染成一片火红。在庄严的光的诗境中，恩师凛然地说道：

"大作，这大海的对面，有广阔的大陆。世界是宽广的。那里有在痛苦中挣扎的民众，有至今仍在战火中战栗的孩子们。你要代替我在东方、在全世界点燃妙法（佛法）的灯火。"

这是为了民众的幸福而献出自己的一生的伟人的遗言。每句话中都镌刻着令人感慨万端的思想。我不会忘记恩师的那种呼唤！不会忘记恩师的那种目光！

第二天清晨，我独自一人站立在朝霭濛濛的厚田的海岸上。对恩师宏伟的人生浮想联翩，不知不觉地化为一片诗情，涌上了心头。我摸了摸口袋，里面有一个笔记本。这时，我把迸发的激情，一气呵成地写成一首诗《忆恩师故乡厚田村》。

前一天的感动变成我一生的誓言，照亮我的心灵。我想："男子汉一旦走出故乡，事业不成就不再回乡。"三十几年前，恩师 20 岁离开海边"银色的家"，为了世界、为了众人开始了"马上行"。

而现在，他成了“日本的伟人”，回到了家乡。他第一个就把我带回到他的故乡。我心中铭记住，我作为弟子的使命，就是要把户田城圣这位罕见的恩师，颂扬为“世界的伟人”。

自那以后，已过了四十余载星霜。我丝毫无悔地进行了作为弟子的战斗。

“在全世界点燃佛法的灯火”

这一天，在纪念墓园与作了后继人的男子部（由男青年会员组成）及学生部（由大学生等会员组成）的诸君进行了座谈。话题很自然地联系到对恩师的回忆上。

恩师自己就是无比热爱青年的指导者。虽然也经常严厉地批评青年，但其本意是期望这些青年能够成长。其内心深处总是充满着深厚而宽广的爱。

恩师曾经恳切地说过：“只能信任青年。”

一起在厚田的时候，我也是在早晨的工作现场听恩师给我个人讲课，学习各种学问。还经常和妻子一起被叫到恩师的家中，接受指导。不过，这绝不是“师父对弟子”的单方面的训练。

比如说，恩师就说过：“你年轻，把学过的东西跟我谈谈，把知道的东西统统都跟我说说。”他心里大概是这么想的，现代是信息战，对社会形势、新的知识，如不敏感，就会丧失作为领导人的资格。他甚至严厉地这么说过：“不说的人就是敌人。”

因此，我也拼命地用功。每天的报纸当然要看，还如饥似渴地阅读各个领域的书籍，把学到的、感受到的东西立即说给恩师听。

在地方上和恩师在一起的时候，那都是宝贵的训练的场所。比如说，我记得在飞往北海道的飞机上，我跟恩师谈到战争时期的联合舰队总司令山本五十六。

山本总司令被誉为著名的提督。他在最前线视察时，其座机被击落，丢失了性命。当时担当长官座机护卫的战斗机仅有六架。而且日军的密码已被破解，情报事前已泄露出去。最高指挥官去最前线，护卫太薄弱了。在某种意义上，也许可以说是麻痹大意。……

我这么说后，恩师深深地点头同意，并且说：

“织田信长在本能寺也是麻痹大意了。作为领导者，是不能疏忽大意的，不可以有漏洞的。”

总之，对于我来说，在厚田的天地里，我看到的地方无不刻印着对恩师的回忆。

在访问“故居”的途中，遇到一位老妇人，年龄 82 岁。万万没想到据说她是恩师在厚田寻常小学学习时的同班同学。老妇人一边极力寻找记忆的线索，一边跟我谈起小时候的回忆。

她谈到和同学们一起去过田野，去爬过山，去过海边……把昔日的少年户田甚一的形象展现在我的面前。如果恩师也健在的话，大概也是这个年纪吧。老妇人满脸的笑纹里，叠印着恩师的慈颜。

那次访问厚田村，还参拜了牧口（常三郎，创价学会首任会长）先生、户田先生的墓地。我的胸中响起了恩师那天令人怀念的话语：

“要代替我……在全世界点燃妙法的灯火。”恩师和我共同战斗的“父子之歌”将永远继续下去。

建设是殊死的战斗　破坏只在一瞬间

前些日子，海外的一位朋友给我寄来一张照片。他是深入到恒河的源流，找到这滔滔大河开始的水源，拍下其源头附近的照片，给我寄来的。

我经常引用“源远流长”这个成语，来说明“恒河的河流也是起始于喜马拉雅山的一滴水”。友人是为我寻找了“根据”，十分感谢他的这一片真心。

令人惊异的是，恒河的源头并不是从静静的一滴水慢慢地形成的，而是一股奔流的磅礴的气势，从地下喷涌而出，宛如一条巨龙，迅猛地飞向天空。用现代的说法，其惊人的魄力就如同轰隆隆的向太空发射的一枚宇宙火箭。当然，这奔流也是由地下深处一滴一滴的水聚集而成的。

看着照片，我理解了。回想曾经数次探访过那条悠久的大河——恒河，知道了即使是一滴水产生了这条世界上屈指可数的大河，但其源头形成的气势是非同寻常的。仔细想一想，这也是有道理的。

滋润绿色田野的大河，也是由河流最初的气势决定的。“广宣流布”（弘扬佛法——编辑注）的源流，也起始于一个人坚决站起来进行巨大的斗争。日莲圣僧说过：“源头有水，河流不干。”还说："我等亦有二队三队继续。"把"广宣流布"的不停流动的任务托付给门下弟子。

作为了圣僧直接相联的学会领导人，有牧口常三郎（创价学会首任会长）先生、恩师户田城圣（创价学会第二任会长）先生及其弟子我。为了在殊死战斗中展开的民众的大河能永远流动，我们呕心沥血，奋不顾身。牧口先生为了宗教的信念和争取和平，一人死于狱中，是尊贵的殉教的人生。户田先生出狱后，一人毅然站立在战后的荒野上，奠定了佛法兴隆的基础。

恩师说："一个青年如能奋不顾身，广宣流布必能完成。"我心中牢记这些话，每天如同走在生死的悬崖峭壁上，进行坚决的斗争。恩师呼吁："让我们把无限涌来的幸福，赠给世界上亿万民众！"我以恩师的这样的心为己心，开辟了没有路的路。

给社会和人们增添活力的市民宗教

1983 年新年伊始，我挨次跑遍了首都东京的各个区，发表讲话，进行座谈，拍纪念照片，鼓励会员们。什么元旦喝屠苏酒庆贺、新年休息，在我的日程中以前没有过，今后恐怕也不会有。我相信为社会的使命而生活的人生是美丽而庄严的。

不管怎么说，东京是学会的发祥地，是牧口、户田两位先生当作弘扬佛法的主战场，亲自指挥、战斗、殉教的地方；是留下两位先生的魂魄的地方，是弘扬佛法的原点，是使命的天地。我和恩师相遇，开始踏上决定命运的斗争的征程，也是在这个东京。

4 日＝墨田区，5 日＝新宿区，6 日＝板桥区，7 日＝文京区，8 日＝目黑区。月初连日会见东京 23 个区的会员。月的中旬，接待美国和中国的来宾，激励创价学园的学生，和创价大学住宿生座谈，和学生部等肩负未来使命的青年对话。出席首都圈的集会。

后半个月，再一次跑到 23 个区的同志们的身边，进一步与蕴藏着很大发展潜力的多摩地区的朋友们进行了交谈。20 日＝中野区，21 日＝村山圈，22 日＝多摩地区的第二东京干部会，23 日＝

晶川区，25 日＝江户川区，29 日＝葛饰区，30 日＝世田谷区，31 日＝大田区。

法华经中重要的篇章“寿量品”说，“每自作是念”（意思是佛经常祈念如何使众生幸福——编辑注）。最后以凝缩着佛的要与所有的民众同走一样的路，使得他们全都得到幸福——这样大慈大悲的誓愿结束。

把这一誓愿变为决心和行动，独自站立在弘扬佛法的战场上的，是牧口先生，是户田先生。我继承了这种师徒的心愿，也发了大愿。我时时刻刻都在祈念着如何保护尊贵的佛门弟子，如何完成弘扬佛法的使命，在风暴与凯歌的岁月中坚持战斗。

到了 2 月以后，仍然继续到东京各区活动。2 月初出席了千叶县和神奈川县的干部会，中旬以后又转向东京各区。8 日＝涩谷区，10 日＝荒川区，11 月＝丰岛区，12 日＝新宿区，14 日＝练马区，18 日＝第二东京干部会，24 日＝北区，27 日＝大田区。

我呼吁——

最最重要的是，要关注每一个信仰者，希望所有组织都进一步加强团结的纽带作用。组织要从人出发，又归结于人。所以，根本是关注每个人，鼓励每个人。

组织建成后，越是发展壮大，领导者越要经常严于律己，不能忘记为众人服务、做贡献。宝书（指日莲的著作——编辑注）上说“不可有傲慢偏执之心”，妄自尊大的傲慢是敌人。

佛法主张“本末究竟等”的原理。意思是说，“本”与“末”归根结底是“等同的”。另一种解释是，“本”是佛，“末”是众生，两者归根结底是“相同的”。

当然，从佛教哲学的角度来看，这个极其重要的原理可以从各种视点来无限的展开，但可以说它指明了根源的一体性、连动性和平等观。在具体考虑组织问题时，它也会导致上面领导人的一念决定一切的思想。学会的传统精神，首先就是领导人要率先垂范行动。

我还这样的呼吁过——

领导人一定要走到组织最前线的人们那儿去，与他们进行充分的商谈。学会是由无名的平民们相互鼓励而建立起来的。平民是开朗而坚强的。重视平民，最后一定会胜利。

我曾会见过美国著名的宗教社会学家 R·N·贝拉教授，他说了这样的话：

“能给社会和人们增添活力的，只有市民宗教。”

“在现代社会，人们以为科学一发达，宗教就会衰落。这种想法是错误的。现代化与宗教会共存的，两者都是需要的。”

生活在平民中的学会的宗教运动是无比宝贵的，不能断绝这一根源。我是认真的。趁着这些会议的间隙，还不断地拜访了学会会员的家庭。

从投身于平民之中开始

进入 2 月，每天都严寒，冬日刺骨般的寒冷愈来愈烈。一天晚上正在开座谈会时，听一个干部说，前一天晚上，他那个社区一个学会会员的家里发生了火灾。我问了名字和地址，会议一结束，我就和妻子一道，带着鲜花，竖起大衣的领子，奔入寒风之中，去慰问那个受灾的会员。

可是，在问到的那个地址，却怎么也找不到发生过火灾的人家。四处寻找，好不容易找到了，一问，那个干部还没有去过火灾的现场。

我感到担心起来。如果年轻的干部躺在已经建好的组织之上，开始安住在草创的前辈们流着血泪建立的组织之上，那就不可能描绘弘扬佛法的未来。

我提醒这个干部说：

“干部要最先跑到最困难的人身边去，这才是学会。而且学会要竭尽全力鼓励最烦恼、最痛苦的人。要不顾一切地飞奔过去。不要忽视学会的速度。必须要更多地了解真正的学会。”

“还有一点，领导人的发言必须准确。即使说明一下地图，也不能马马虎虎，随便乱说。准确、准确……这就是学会的作风。”

一对一的心灵的接触和启发，会产生人与人之间坚实而深刻的联系。所以要经常倾听烦恼的朋友的叹息，鼓励他们，给予他们希望。宁作一头狮子，不要绵羊一只。

学会要靠狮群出征，我把学会的精神一个一个地灌注进东京。

东京是日本的首都，是政治、经济、文化的一大据点。七百年前，日莲圣僧也在当时的政治中心镰仓，以雷霆万钧之势，开展了拯救民众的斗争。对任何的镇压、迫害，他一次也没有退缩过。他严厉地谴责那些隐遁山林冥思、逃离日常生活的宗教人士。只有在时代与社会的中心地大声疾呼，才能推动时代与社会前进。因而亲自投身于民众之中。

日莲佛法是从平民之中产生的。学会也是从平民之中产生的。这一年是从投身于平民之中、特别是东京的平民之中开始的。这一年学会是把它当作“建设年”而开始的。我首先为东京的建设而倾注了全部心血。

要建设幸福的民众城市，不可欠缺不懈的努力。要构筑充满希望的生活城市，需要不屈的信念。所以“建设是殊死的战斗，破坏只在一瞬间”。

东京必须要作为一头狮子奋起、前进。狮子必须要胜利。要修筑常流不断的大河，其源头必须清澈，必须有狮子咆哮般的气势。

谈佛法与宇宙

恩师户田城圣先生经常说：

“不要成为闭塞的青年。希望能成为理性与感情交融的青年，白天要汗流浃背地劳动、战斗、学习，有时还要站在岸边，与波浪谈心，与星星为友，一直到深夜。”

现在城市里也看不到星星了。岂止如此，似乎连仰望夜空的余裕也失去了。但是，正因为这样的时代，我希望我们能仰望流星掠过的天空，与星辰交谈，吟咏诗歌，有一个胸襟开阔的、浪漫的人生。

1983 年 5 月，应综合杂志《潮》编辑部的约请，开始了《谈“佛法与宇宙”》的对谈。

神秘的大宇宙给人的心灵带来无限的浪漫。科学运用数理与分析，向探究宇宙真相发起挑战。佛法用宏大的直观智慧包容大宇宙，同时把人看做是一个小宇宙，阐述两者“生命交响”的法则。

外在宇宙与内在宇宙，佛法的演绎智慧与科学的归纳智慧，都是我多年来酝酿已久的想要挑战的课题。

恩师还说过：“科学越进步，越能知道佛法的伟大。”我想通过自己对“佛法与宇宙”这一课题的探讨，给恩师上述的话留下一个证明。

和我对谈的是天体物理学家木口胜义先生。他是一个朝气蓬勃、年富力强的学者。严肃、理性的面容上，洋溢着科学家的气质。他一边跟我对谈，有关专门的知识，还不时地对我这个门外汉作适当的解释。

在开始连载之前，对谈人和编辑部就商谈了怎样通俗易懂地解说难以理解的问题。

不仅是这次的对谈，仅就外国的有识之士来说，在此之前已有二十多位与我出过对谈集。对他们每一位我都提出过要求："希望能把内容说得明白易懂。"

用难懂的语言来谈难懂的问题，是比较简单的。但这样就得不到读者的共鸣。现在人们正日益疏远铅字文化。要让更多的读者理解难懂的问题该怎么办呢？

那就要使"深刻"、有价值的内容，尽可能写得"简明"、"有趣"、"易懂"。虽说有点贪得无厌，我之所以采用对谈的形式，就是由于这个原因。只是难懂的论文，能理解的人肯定有限。有时还会落入自以为是。

这是因为对话形式容易读，有着与读者的交流。

在《潮》杂志上对谈，以及接着出版的《谈"生命与佛法"》等，在设想这些对谈时，特别在这次的《谈"佛法与宇宙"》中，我都希望把着力点放在"容易懂"、"容易读"上。

希望写能成为精神食粮、能激励人的文章

说是对谈，实际对话的内容涉及方方面面。谈论风生，谈话会随兴扩大发展，不能把所有的谈话都原封不动地变成铅字。必须要整理内容要点，对论点要加以整合。

这些工作由编辑部去做，把整理好的原稿交给我。关键的工作由此开始。一面要反映读者的意见和意向，同时要删改加工，使读

者对其内容感到更加亲切、易读。

比如说，出现了“的确如此”这个词。在实际对话的场合，这是表示对读者意见的“附和”、“首肯”。但在变成铅字时，必须要考虑到它也有呼吁读者的意思。根据情况而反复地说“的确如此、的确如此”，就可以表达特别想要强调、希望获得读者理解的意思。

另外，对于文章的改行、页面的余白等细微的地方也要注意。

在中国，据说自古以来就把绘画也称作“后素”。所谓“素”，也可以说就是余白。绘画的名家对整幅绘画施上彩色之后，在最后完成的阶段，使用白色颜料，完成余白。可见余白是多么重要。

在某种意义上，文章也同样。页面上密密麻麻地挤满了铅字，读者一眼看到它就会失去阅读的欲望。站在读者的立场上，尽量一行行地空出行距，读起来容易。这也是一个重要的问题。

说些题外话。所谓好文章，究竟是什么样的文章呢？

我自己可以说几乎没有一天不写文章，从年轻的时候起，就与文学书为伍，读过很多人的文章。有人说，只要粗略地浏览一下文章的开头，就可以知道内容的好坏。也许确实是如此。

不怕误解地说，有的文稿拿到手里的那一瞬间，凭直觉就会感到写稿的人倾注在文章中的劳力和全部思想。

以前青年部的代表们曾就写文章的问题向我求教过。为了年轻的一代，我想再提出几点：

“每个句子都要尽量短小精干。同样的内容、词语不要重复。不让读者浪费多余的劳力。”

“不要写死气沉沉的文章，不要写冗长得像煮坨了的面条那样的文章。写出的文章要像鲷鱼那样活蹦乱跳、干脆利索、清楚明白。”

“写文章不能流于抽象，不能写成不彻底的概念论，要直指事物的本质。”

“不能变成自我满足。能抵达对方内心的才是好词句。要写出像子弹射进对方内心的词句。写出的词句到达不了对方的内心，就会落在自己一方。”

“一字一句都要认真斟酌。写出的文章要有真实感，感到易懂，使读者能够把它浮现在眼前。”

写稿子和修改稿子成了我每天公务之暇的工作。我青年时代，曾在恩师的下面当过少年杂志的编辑。非常清楚截稿日期的严格和编辑的辛苦。所以稿子一传到我的手上，立即就开始处理。

如果离截稿日期还有一些时间，就把稿子暂时留在手边。遇上出差，就求身旁的人帮我把稿子放进皮包里保存，以便随时可以取出来修改。据说从事写作的人经常要让写好的稿子“睡睡觉”。希望反复构思，一直到自己认可为止。大概是执笔写作的人的共同想法吧。

不过，现在我除了在《圣教新闻》上连载《新人性革命》外，还有许多连载。现实状况很难如愿有充裕的写作时间。

在写作工作上，经常得到妻子的帮助。

我经常一边仔细地看着稿子，一边默默地思考——整体的结构可以吗？明白易懂吗？文章是不是“流畅”？措词用字和表达方式这样是否可以？在这样的时刻，妻子作为一个读者，能给我提出正确的意见。有时还提出尖锐的批评，使我不由得赞叹道：“的确如此！”

我们夫妇的“共同工作”是一遇机会就交谈对恩师的回忆。一般是在上午和下午，多的时候一天要谈三四次。

对谈也好，什么也好，我都希望写能成为读者的精神食粮、能激励人的文章。我的愿望始终就是这一点。

在东京的学会总部和各地的会馆执笔写作时，有时为了转换一下心情，在办公室里走动走动。这时，透过窗户会看到访问总部、会馆的学会会员的身影。每当这样的时刻，不禁产生这样的决心：“一天也不能停下执笔的手！”于是身心振奋，朝着书桌走去。

宇宙时代是人类意识革命的时代

长达一年多的《谈“佛法与宇宙”》的连载（1983年5月—1984年5月），幸好博得大多读者的好评。他们认为，“宇宙变得近在咫尺了”、“简明易懂，使人兴趣盎然”。

在对谈中，我最想强调的一点是，所谓宇宙时代，也就是人类意识革命的时代。

这也是日本人络绎不绝飞向宇宙的时代。宇宙的广大开阔了人们的视野，扩大了知识，这是好事。但是，人类的意识如果不与这些知识同步扩大，那恐怕只会以满足好奇心、冒险心而告终。严格地说，还很可能成为对现在地球上人类问题堆积如山的现实的逃避。所以，对大宇宙的探索，必须要和对小宇宙——人类自身内心——的探索联系起来。

我在和外国的宇宙科学家的谈话中，也痛感到这一点。

如以“我是海鸥”这句话而闻名的世界第一个女宇航员捷列什科娃女士，阿波罗·联盟实验宇宙飞船宇航员D·施赖顿博士，美国3号宇宙航行站站长热拉尔德·P·克尔博士，作为稳恒态宇宙论的倡导者而闻名的、英国的弗莱德·霍依尔勋爵及其弟子维克拉马辛格博士，以及阿波罗计划理论的核心人物罗伯特·贾斯特罗博士……

他们谈到宇宙科学的进步与人类内心的问题，都异口同声地说，两者必须相互配合地进行。

并从这样的认识出发，很多人对佛法的宇宙观、世界观表明了令人惊异的深刻的理解。

大到银河、星云和行星，小到人和微生物——在探求贯穿这所有一切的普遍法则这一点上，佛法与科学是“同志”。佛法与科学的关系不是排斥和对立，而是互相补充。在我们的交谈中，这种想法是相通的。

比如维克拉马辛格博士就这么说过：

“现代宇宙观的方向性，与佛教的世界观极其接近。知道这一饶有兴趣的事实，会导致正确理解现代这个时代。”

另外，克尔博士也说过：“我感到在宇宙中学到了佛法。”

只有真挚地从事过探究大宇宙的人们，才能说出这样强有力的真实的话语。

今天可以说宇宙科学正在检验佛法的宇宙观和世界观。正因为如此，人类应该打开“闭塞的心灵”，向伟大的“精神的宇宙”的旅程飞翔。

诗歌与对话之旅

1983年的6月期间，我访问了北美、欧洲的七个国家的九个城市。

它们是安克雷季（美国阿拉斯加州）、法兰克福（德国）、布加勒斯特（罗马尼亚）、苏黎世（瑞士）、马德里（西班牙）、巴黎、特雷滋（法国）、阿姆斯特丹、海牙（荷兰）。

首先访问的地方是白夜的天地阿拉斯加。这里冬天寒冷，夏天可以充分享受到阳光，被称为“北方的夏威夷”。这个21世纪的希望的国土，对我来说也是首次访问的地方。所以“阿拉斯加”有“伟大的大地”的意思。它的大自然雄伟而壮丽。

在安克雷季市郊外装点着波特奇冰河等广阔的大自然的怀抱中，与学会会员们作了野外研修。阿拉斯加山系的群山在云彩的缝隙中忽隐忽现，云彩从耸立的太空中的山峰之间飘动。这样的景色也十分壮观。这时看到的大冰河，简直就像一颗闪闪发光的巨大的翠绿色宝石。

后来承蒙哥伦比亚政府的特别关照，让东京富士美术馆展出了他们从不外借的秘宝——世界上最大的绿宝石原石，那时我就想起了阿拉斯加的大冰河。对大自然绝对的迫力，不由得不产生敬畏之念。

加拿大和美国的会员们欢聚一堂，召开了SGI（国际创价学会）北美总会。当地阿拉斯加的志愿者表演了爱斯基摩人的歌舞。他们身着民族服装，手执秃鹫羽毛饰物，和着一只皮鼓的节奏，跳着传统的舞蹈。歌唱了晾晒海豹肉的男人们劳动的《生活之歌》，表达深深母爱的《爱斯基摩人摇篮曲》。

不要害怕
什么黑暗
一点也不可怕
因为黑暗中
什么也没有
没有任何可怕的东西

在冰天雪地的爱斯基摩人的小雪屋里，浮现出慈爱、抚育孩子的母亲的身影。疼爱、养育孩子的母爱，任何地方都是一样的。

而且，摇篮曲之类的歌谣中，令人感到蕴含着人们口口相传的直观智慧和生活智慧。“什么黑暗，一点也不可怕。因为黑暗中，什么也没有，没有任何可怕的东西。”——在心中描绘恐怖的幻影是多么愚蠢啊！我们的运动也是从坚定决心、坚决排除不正当权力的横暴开始的。

佛典中有个“鬼子母神”的故事。通过这个故事，宣扬了由仅对自己孩子的爱加深扩大到对所有孩子的爱的重要性。当这样纯洁的母爱扩大开来时，平安的日子就会来到这世上吧。

“诗是行动的文学”

从安克雷季国际机场起飞，赴法兰克福。以前去纽约或伦敦时，一定要在这个机场停靠。现在是直达航班，时间上快多了。航行网的全球化在迅速发展。心灵的全球化当然是当务之急。

阿拉斯加山系的上空，悬挂着一道七色的彩虹。飞机飞越北极圈的大雪原、冰雪覆盖的格陵兰和斯堪的纳维亚半岛的上空，到达了一片新绿欲滴的欧洲大陆。喷气式飞机把旅人从白雪皑皑的世界运到了绿意盎然的世界。我与怀念的德国友人重逢，不断地进行了交谈。

约瑟夫·德尔波拉夫博士是波恩大学名誉教授、教育哲学的权威。在父亲河莱茵河的船上和莱茵河岸边城镇、中世纪的古城奥巴贝塞尔，我与博士交谈了三个小时，从舷窗望去，莱茵河的两岸沐浴着初夏的阳光，绿阴映照得格外美丽。古城从十二三世纪就矗立在丘陵的顶上。

来到罗勒莱岩石边的时候，博士给我讲了有名的有关这块岩石的妖精的传说。这个妖精石的传说，在海涅的诗中曾被歌唱过，在日本也很有名。而现在竟在这条河上，在实物的岩石前听到这个传说，它带着一种完全新鲜的实感，从记忆中苏醒过来，感到很愉快。

船到达了建于中世纪、排列着罗马风格建筑物的圣多科亚城。古城坐落在低矮的丘陵之上。我和博士在这里继续畅谈。谈到以前和有识之士对谈的话题时，我说：

“世界上杰出的人物，对于探究思想和真理是非常真挚和谦虚的。在与他们的会谈中，我希望能为和平、为人类、为更有深度的人生进行交谈，留给后世。”

博士也表示了同意和赞成。

我与博士的谈话已整理成为对谈集《面向21世纪的人类与哲学——探求新人类形象》。

第二天，在莱茵河的支流美因河畔的会场（法兰克福市内）里，从汉堡、慕尼黑、柏林等德国各地赶来的会员们齐聚一堂，热烈地召开了德国总会。我赠给年轻的德国朋友一首长诗《赠给拥有年轻的眼睛、清纯的心灵的你》。在诗中，我向青年们呼吁：

恶魔的心
企图把人类引向毁灭，
要把这样的心变为天使的和平的心。
我们必须响亮地
吹起勇敢的警醒的喇叭。

德国青年的成长是很显著的。在任何地方，创造新世纪的都是青年的热情和力量。

在罗马尼亚的布加勒斯特，获得了与要人、有识之士、艺术家、青年、少男少女恳谈的机会。并在拥有一百多年历史的布加勒斯特大学，以《站在文明的十字路口》为题，做了纪念讲演。

罗马尼亚诗人伊翁·亚历山大博士说："诗人的作用是打开人类的心灵。为此必须要采取行动。重要的是，要以作为人的心、诗心、热爱宇宙之心团结起来，为全人类的和平而战斗。"对于这一"诗是行动的文学"的说法，我举双手赞同。

在苏黎世，会见了联合国的要员，决定在欧洲举办"核武器威胁展"。在和平之国瑞士，SGI 的朋友们也有了飞跃的发展。在流经湖畔城市苏黎世的迪尔河边的会场里，召开了瑞士总会。

我在会上介绍了美国钢铁大王卡内基以下的话（概要），来鼓励大家。

"人生是早晨起床，出去工作。傍晚结束工作，回家，吃晚饭，然后上床。这就是一天有规律的节奏。在这样的节奏中，能不能创造最有价值的深刻的人生，将取决于怎样度过晚饭后到上床前的两三个小时。"

我接着说，我们要为佛法，为社会，为和平，为人性革命来利用卡内基最珍视的晚饭后的两三个小时。这样日复一日地积累起来，就可以建设美好的人生，可以创造充实的人生价值……

在美丽的国度，与具有美好心灵的人们交谈，是非常愉快的。

在西班牙，在马德里市郊外的马德里·康普尔坦塞大学举行了图书赠送仪式，与西班牙的会员们进行了座谈。

舆论是争取和平最强大的武器

从马德里出发，飞越比利牛斯山脉时，面对染红了欧洲天空的雄伟的落日，进入了面临地中海的马赛。乘车约行 40 分钟，穿过艾克斯，到达法国南部特雷滋的欧洲研修道场。欧洲 15 个国家，2700 名会员齐集在这里，举办了盛大的欧洲夏季讲习会和 SGI 文化节。欧洲的人才如云，不断涌出，真令人高兴。

从特雷滋飞抵巴黎，在卢森堡宫殿的议长官邸令人怀念地会见了法国参议院波埃议长。与罗马俱乐部创始人奥锐里欧·贝恰博士进行了对谈集的最后的对话。75 岁高龄的贝恰博士，是这天早晨结束了在美国的会议，从波士顿赶到巴黎，再来到我下榻的地方的。

“作为民众的声音的舆论，是争取和平最强大的武器。这个武器是不可战胜的。”——我们两人取得这样一致的意见，约定趁着为时未晚，立即开展争取和平的行动。出版的对谈集题名为《21 世纪的警钟》。

法兰西学院院士、雅克马尔·安德烈美术馆馆长路奈·尤伊古先生是我的老朋友。跟他也再次见了面。

我跟尤伊古先生说：“我希望重视与好的书籍接触。但与留下伟大事迹的人物相会，倾听他‘金子般话语’更加令人格外高兴。”对于我来说，尤伊古先生是我终生不渝的好友。

我欣赏了尤伊古先生任馆长的美术馆的至宝，深受感动。离开美术馆时，我在来访者签名簿上写道：“美术是人类争取和平的灵魂的最终的升华。现在我来到这天堂般美的宫殿，更加坚定了我通过美的价值，向争取人类和平的深处前进的誓约。”

我还向巴黎的青年赠了诗：

我的朋友啊，
静静地给心灵充电，
思考未来吧！
要成为战士，
拥有最顽强的体验，
迈开美好的宝贵的步伐
……
正义的歌声，
定将热情地引导你们，
走上真理的大道，
走上我们的正道。
世纪的帷幕，
将加速拉开。

在荷兰，结束了与要人的会见及总会，一个月马不停蹄的旅程也就结束了。这是一次文化、和平、教育之旅，一次有意义的对话之旅，而且也是一次诗歌之旅。

旅程仍在继续，不知继续到什么地方——这是一种挑战。

创价高中首次参加甲子园棒球锦标赛

“开幕式现在开始！选手入场。”

甲子园的大看台上，响彻了清楚嘹亮的广播声。掌声雷动。观众五万四千人。1982 年 8 月 8 日上午 9 点，第 65 届全国高中棒球锦标赛开幕。

各地身经百战的代表学校，举着地方大会的优胜旗，从右外场后面进入，开始了盛大的入场仪式。走在最前面的是前一年的冠军德岛代表池田高中，接着是北海道代表……终于到了第 16 个代表入场。

“西东京代表，创价高级中学！”

这是他们首次参加魂牵梦绕的甲子园棒球锦标赛。当他们心情愉快地穿着带钉子的棒球鞋，踏进这憧憬已久的土地时，该有多么高兴啊！……

我探出身子，看着电视里播放的入场仪式情景。

学校创立已经 15 年——占据看台一角的学校有关人员，胸中都涌起一阵夙愿得偿的喜悦。15 名选手昂首挺胸地在行进。主办方《朝日新闻》社在其报纸上报道说：“西东京的创价（高中）虽是初次参加，但步履沉着、稳健。”

大会的进行曲是《荣冠因你而生辉》。伴随着其轻快的曲调，各校代表队绕场一周后，在球场的中后方整理了队伍，49 个学校、734 人在队牌的带领下，整齐地朝着投手土墩的方向前进。

创价高中以“睿智、光荣、热情”为校训，创立于 1968 年 4 月，在创价大学和创价小学之前创立的。

创价教育学是同为优秀的教育家牧口常三郎先生和户田城圣先生师生二人创立的。创价高中就是作为实践这一教育学的场所而建立的。我作为他们的弟子，继承他们深刻的精神，将我全部心血倾注于教育事业的第一步。

由于教职工的努力，创价高中朝着培养智勇兼备的学生这一目标迈出了坚实的步伐。虽是新创立的学校，但在高考等很多领域已取得显著的成果，颇引人注目。毕业生也已经成为社会的中坚，大显身手。

首先是那些好似早就盼待建校而聚集来的第一届、第二届等优秀的学生们，为了创建学园的新传统，和我一起进行了奋斗。大学也好，高中也好，最后还是由聚集到那里的学生来决定的。如果真的要把一切为了学生这一点贯彻到底，教育的现场一定会更加生气勃勃地朝着未来大大地飞跃。

道路遥远

通往甲子园的道路遥远，中间横亘着厚厚的壁障。在地方大会的比赛中，总是在第二轮、第三轮就败下阵来。不仅是棒球部，许多有关人员也都希望能出场参加比赛。他们期待、盼望创价高中能出场比赛的心情，如同学生的父母对自己的孩子寄予的感情一样，其热情实属罕见。

应学园方面的要求，我努力充实了球场和选手集训宿舍等设施，对选手们多加鼓励。

但是，如果把出场甲子园比赛当作至高无上的目的，而忘记了通过体育来造就人这一教育的大目的，那就是本末倒置。当然，对于其他的体育俱乐部以及文科系统的社团活动，也必须公平对待。

就这样，1983 年 7 月，创价高中棒球队在稻垣人司教练的指导下，以主力投手小野和义（后来活跃在近铁、西武棒球队，现为近铁投手教练）为中心，在西东京大会比赛中获胜。在神宫球场的决赛中，击败帝京大高中，获得了首次出场甲子园的荣耀。棒球队立即携带着优胜锦旗，来到附近的信浓町访问了作为创立人的我。我与眼中噙着泪水、浑身被汗水湿透的队员们一一地握手，一起合拍了纪念照片。

创价高中棒球队踊跃闯入甲子园。姊妹校关西创价高中五十来人师生，到新大阪的新干线站台来欢迎他们。两校棒球部的队长紧紧地握手，发誓要顽强拼搏。

甲子园大赛第五天，创价高中与京都代表东山高中对决。不知是让对方先得分而焦急，还是由于初次参赛而感到紧张。虽然每局都有跑垒者，但竟有 13 个跑垒者都留在垒上而不能得分，遗憾地以 2 比 0 输给了对方。

不过，队员们直到最后都未泄气，拼命追逐白球的表现，博得全场雷鸣般掌声。在一垒边的内场看台和大看台的席位上展开了热烈的声援助威，关西创价小学的棒球队员们的友谊声援也成为一时的话题。

我一边通过电视观看比赛，一边打内心里为实现了许多人梦想的棒球队鼓掌喝彩。我的长子博正当时在关西创价高中当教师，据说他也和学校的学生们一起在大看台上声援。总觉得比赛好像在一瞬间就结束了。但是，对队员们在梦寐以求的甲子园大赛中的飒爽英姿，恐怕谁都感到很满意。

牧口先生的儿子也曾在战前甲子园中活跃

说起甲子园，我想起与创价学会首任会长牧口先生有关的往事。在创价高中首次出场甲子园大赛的半个世纪前的 1925 年 8 月，牧口先生的第三个儿子洋三，作为早稻田实业学校的选手，代表东京参加了甲子园大赛。在全国中等学校棒球大赛中，早稻田实业学校虽然进入了决赛，但可惜以 3∶5 输给了高松商业学校。

当时的日本《朝日新闻》在“大阪电话”的记事中，大量报道了决赛的情况。这大概是说用电话来发送稿子吧，与现在用电脑通讯来发送稿子相比，令人有隔世之感。

记事的标题写道：“高松商业优胜　掌握光辉霸权　早稻田实业军也勇猛奋战到最后　为关东健儿增光”。文章中描述了猛烈追赶的情况：“（第九局）两个击球员都以平庸的击球而出局，牧口奋起，右打了一个三垒打，又制造了一次好机会。最后早稻田实业失利，比赛结束。大家精疲力竭……但球队无一人示弱，赛后都满面笑容地向大家打招呼。”

记事中提到的“牧口”就是洋三。在决赛中，他是一号一垒手，极其活跃，打出四击球四安全打的好成绩。顺便说一下，在这次决赛中，对决的高松商业的七号三垒手就是水原茂。

第二年（1926 年）的甲子园大赛时，洋三作为早稻田实业学校棒球队的右翼外场球手也参加了。第二轮比赛时败于大赛冠军静冈中学队。牧口先生为人谨严耿直，看到儿子的活跃，一定会满脸通红。洋三后来被征入伍当兵，在牧口先生因与军国主义斗争而入狱时，死于战场，享年 38 岁。

牧口先生的绝笔是在狱中得到洋三战死的消息后，写给限子夫人和洋三夫人贞子这样的信：“感到震惊、灰心。更担心你们二人。但你们已很好觉悟，我放心了。”

高龄的牧口先生在阴暗寒冷的牢记中还担心着婆媳二人。多么慈爱！多么体贴！另一方面，据说限子夫人和贞子对于要不要把洋三战死的消息告诉狱中的牧口先生，也感到犹豫。孩子们一个接一个地生病死去，只剩下一个亲生的儿子洋三。如果把这个消息告诉牧口先生，他将多么悲伤啊！会不会变得软弱？据说她们是担心牧口先生会变得衰弱。

在甲子园大赛中与洋三对决的水原选手，也被送往战场，脱离了棒球界。战后复员回国后，进入巨人队，很快就作为教练而活跃。这是大家都知道的。

被军靴驱散、夺走了白球的过去的青春，在与太平生活中一心打棒球的现在的青春，两者的对比是多么鲜明啊！

正因为如此，为了保卫和巩固和平，对于悄悄逼近的国家主义，必须团结草根民众的和平力量，坚决与之斗争。

创价高中棒球队回东京后，我与该校棒球部的成员们进行了座谈。大家都晒得脸色红黑，精神抖擞。我衷心地安慰他们说：这次比赛将在创价高中的历史中刻上光辉的一页，传统一定会被后辈们继承下去。

果然不出所料，自那以后，创价高中棒球部又赢得了春夏两季共六次出场甲子园大会的机会。每当胜利的比赛之后，就播放创价学园的校歌，扩大感动的余韵：

看吧，巍峨的富士山
武藏野的溪流清澈
凤雏为何争取和平
开拓光辉的友谊之路
你与我
展翅飞向未来

今年（1998 年）春天的选拔大赛中，年轻的创价的队员们也非常活跃。继承了创价教育学说实践精神的创价高中，使得甲子园沸腾起来。牧口、户田两位先生如果能知道这些情况，将会多么高兴啊！

——思绪越过白球，无边无尽……

获得联合国和平奖

恩师户田城圣（创价学会第二任会长）先生曾经说过："受到某个国家的表彰，就要终生为那个国家尽力。"

不论受到哪个国家、哪个机构的表彰，都不是单纯的赞赏和荣誉。我认为其本来的意义是促使你发下新的誓言，采取下一个行动。

重要的不是"过去如何行动"，而是"今后怎样行动"。

1983 年 8 月 8 日，接受联合国和平奖时，我曾这样说过："我们以前虽然一直支援联合国，但是作为对今后的期待来接受奖赏的。今后我们仍将为世界和平更加竭尽全力。"

传达授奖仪式是在东京涩谷的国际友好会馆举行的。出席仪式的有作为联合国秘书长代理的明石康副秘书长（当时）以及联合国宣传中心埃克斯雷所长（当时）等许多人士。

我是体验过战争的悲惨的那一代人。对于我来说，对第二次世界大战结束那年创立的联合国寄予的期待很大，联合国的发展是我经常考虑、关心的事。

面对不知何时是尽头的东西方冷战，以及接连不断的国际纷争，联合国一直受到很多批评。坦率地说，就是批评"联合国没有履行其使命"。在日本，也不时地有人大声议论"联合国软弱论"、

“联合国无用论”。

但是，我确信：“那么，除联合国外，究竟有哪个机构能建造通向世界和平的轨道呢？”

我自就任创价学会第三任会长以来，就对支援联合国的民众运动的道路进行了种种的摸索。

尽管如此，在发起国际支援运动时，切忌性急冒进。因为学会始终把构筑以佛法为基调的民众的和平力量作为目标，只有当这样的基础坚如磐石时，国际支援运动才会巩固。

1975 年初，在刮过哈德逊河的寒风中拜访纽约的联合国总部时，运动迈出了一大步。在与瓦尔德海姆秘书长（当时）会谈时，我提交了以学会青年部为中心推进的“争取废除核武器的一千万人签名”。

从那以后，多年夙愿的支援联合国的活动一直切实地前进。

授予我联合国和平奖的是第五任联合国秘书长德奎利亚尔先生。他在任期间，我与他会见了四次。

印象深刻的是 1990 年秋在东京的会见。

交谈涉及很多问题，有转向以联合国为中心的时代的展望，以及对 SGI（国际创价学会）与联合国共同举办的“战争与和平展”的反响，等等。“人类议会”的议长——联合国秘书长的日程，确实是“以分计算”的。听说这一天也是一个会见接一个会见。

访问世界上哪个国家，这恐怕是家常便饭吧。在绝不能说宽敞的房间里，连同走廊下，都能感受到一种繁忙紧张的气氛。

我多次跟秘书长说：“秘书长为了人类非常繁忙。我不能再多占用您宝贵的时间了。”但每次秘书长都挽留说：“再谈一会儿，可以吗？”

在分别的时候，秘书长手里拿着一块刻有联合国徽章和他自己的签名的镇纸说：“SGI 会长为人类的相互理解与和平在做贡献。您的书桌上一定堆积着许多这方面的文件。我想这块镇纸正好用于压这些文件。”只有公务繁忙的人才会说出这样真心的话。

后来作为还礼，我决定送他一块刻有 SGI 的徽章和我的签名的镇纸。这里面也包含着我自己支援联合国的决心和真情。

从“国家支持的联合国”转变为“民众支持的联合国”

面向 21 世纪以及永远的未来，人类为了进步、安稳和快乐的生活，只能以联合国为中心来进行协调。

问题是怎样求得联合国作用的加强和活性化。各个成员国的努力当然是重要的。但是，仅有国家的联合，一定会有一种倾向，即强国与弱国产生的对立，把国家之间的利害关系放在优先地位。

怎样才能在实质上增强联合国的作用呢？——我的结论是，在支援联合国的基础上，应当把“民众的声音”置于“国家的声音”之上。

联合国宪章的开头也写着“我们联合国人民”。主语不是国家，而是人民。

民众是诚实的、正直的。是真诚地祈愿和平。民众的这种热情是真正可以信赖的。把民众的这种善意集结起来，就会成为支援和担当联合国的真正的力量。

也可以说，要把“为了国家的联合国”转变为“为了民众的联合国”，要从“国家支援的联合国”转变为“民众支援的联合国”。

我在与联合国许多要员的谈话中，在提出的各种建议中，一有机会我都呼吁这个问题。

再就支援联合国的信条来说，这是因为联合国与创价学会在“通过民众的团结来克服国家恶”这一点上有着强烈的共鸣。

创价学会（最初称创价教育学会）创立于 1930 年。其战前的任务是对抗日益喧嚣的军靴声。不用说，军国主义最后发动的战争，是国家恶的顶点。

在与猖狂的权力的魔性进行斗争的过程中，首任会长牧口常三郎先生死于狱中，第二任会长户田城圣先生在狱中度过了两年的岁月。学会的组织也被摧毁。可以说创价学会从其创立之初，就背负了要与压制民众的国家恶作斗争的宿命。

联合国是从对第二次世界大战这一国家狂奔的痛切反省中产生的。其目标是超越一国的利客，谋求全人类的利益，这是无需多说的。

在“克服国家恶”的挑战中，可以说联合国与学会是直接相联系的。

说是支援联合国，但重要的是要有证明这一主张的行动。

各个国家都有支持其国家的市民、国民。但联合国没有直接支持其活动的“国民”。因而就需要用世界市民这一全球化的意识，来支持联合国的民间活动。SGI 一直作为联合国各种机构的 NGO（非政府组织），参加了联合国的各种活动，就是出自这个目的。

以后从联合国还获得了联合国荣誉表彰（1988 年）、和平贡献·联合国秘书长表彰（1989 年）、联合国难民事务高级专员办事处所（UNHCR）和人道奖（同年）。我把这一切都看作是对 SGI 的“为民众的联合国”这一信条和行动给予了理解。

站在车站前募集救助难民资金的青年们

令人感到希望的是，肩负下一代重任的 SGI 的青年们对我的信条有着共鸣，积极地参加支援联合国的活动。

那是 1984 年 4 月在东京国立车站前发生的事。我在去参加东京的创价初中、高中的开学典礼的途中，发现了会员们站在那儿募集救助难民资金。

那天是难得的休息的日子。也许本来是想出去和朋友聊天，或者去参加体育锻炼。虽说已是春天，但吹过来的风还很寒冷。

但是，青年们仍在拼命地向行人呼吁支援，这即使一次小小的尝试，但如果能为救助逃避战火的人们和饱受饥饿痛苦的母子助一臂之力……最重要的是，通过具体的行动，青年们可以感受到理念和理想。

可爱的青年们，简直像希望和平的尊贵的菩萨。

我就要去出席开学典礼，穿着一身礼服。心里虽然想过，穿着这身衣服来募捐是否合适，但还是让车子停下来，参加了募捐。

由于太突然，青年们有些惊讶，显得有点紧张。会员们露出笑脸，精神饱满地对我说："感谢您的协助!"

青年部支援联合国的活动，仅募集难民救助金一项就达 18 次。对于青年们的辛劳，我作为一个希望和平的人，也想道一声谢："谢谢！今后仍请多协助!"

民众本来就希望和平。可是，冷战结束后的今天，国家仍在搞军备竞赛，反复不断地进行战争和压迫。

要停止人类的这种循环，克服国家恶，使人类转向和平团结的方向——但实现这种目的哲学和轨道在何处呢？现在世界上很多有良心的人们在 SGI 中看到了这种光明。

德奎利亚尔秘书长也说过："我之所以高度评价 SGI 对联合国的支援，是因为它不仅有精神层面上强大的支援，而且还带有具体的行动。在这一意义上，SGI 是支援联合国的模范，是真正值得信赖的存在。"第五任秘书长加利先生也作过同样内容的评价。

我们的责任越来越重大。因此，特别是青年，必须要进一步面向世界，有必要在学习和实践中培养作为世界市民的视野和力量。

我还认为，SGI 和学会要在世界的民众运动中起模范作用，首先就要问一问它有无作为领导者的资质和人格。伟大的民众运动的领导者总是把为民众献身当作第一要义，丝毫不能考虑自己。必须要作为彻底的"公人"示范，因为"大人无己"。

不论什么运动，人都是根本。处于负有责任地位的人，如果忘记了"为了什么"这一根本的目的，忘记了严于律己，开始考虑自己个人的利害，从这时起，从这一瞬间起，运动就会堕落。接着就开始蔑视民众，把民众当作手段。再没有比这更可怕的事了!

所以，我要告诉下一代的青年，作为民众运动的领导人，要经常对照自己的良心，反问自己有没有令人羞耻的地方。

这些话并不只是警戒麻痹大意，而是许多历史讲述的真实——过去打着民众利益旗号的运动，不知什么时候都堕落、消失了。

联合国的创设已经超过半个世纪了。关于联合国的作用、存在意义，至今仍然议论纷纷。

但是，伟大的建设、伟大的前进，是不断的忍耐和苦难。正如甘地所说的那样，那是蜗牛的前进，要缓慢地、一步一步地前进。前途即使有迂回曲折，但人类今后一定会进一步认识到联合国的重要性。

所以，我要继续前进，我相信，世界和平未来的新的光芒，是从行动的汗水中产生的。

东京富士美术馆开馆

文化存在于与破坏、暴力对立的一极。文化从内心启发人。相反，破坏、暴力从外部压抑人。艺术打开心灵，面向光明。权力把心灵封闭于黑暗之中。所以，如果有志于未来，文化、艺术的交流是极其重要的。

是从什么时候开始的呢？——我开始考虑创立美术馆了。

恩师户田城圣先生常说这样的口头禅："要看第一流的东西。不接触第一流的东西，就不会识别真东西。"这些话对美术品，对人都适用。

识别真正好东西的能力，只有和第一流的东西接触，才能培养起来。让感到美好、杰出的纯朴的心灵互相接触，感性才会得到磨炼。在人格的陶冶上也同样是如此。和第一流的人格接触、交锋，才能使心灵共鸣。

开始出访海外以来，我常常挤出时间，拜访罗浮宫等著名的美术馆。据说有的人看到我这样，还以为我单纯是忙中偷闲。

伫立在人类共有的珍宝——艺术作品的面前，我会暂时重温构思，反复思索。考虑到要推进和平与文化的运动，创立美术馆是必须要完成的课题。在学会的草创时期，恐怕没有一个人会了解我的这种想法。

菊花飘香的文化之秋——1983 年 11 月 2 日，期盼已久的东京富士美术馆开馆了。在此之前，富士美术馆已经开展活动。为了能让更多的人利用，在该馆十周年时，于东京八王子开设了东京富士美术馆。这是一座建筑总面积达 1860 平方米的美术馆。两年后获得财团法人的资格，开始面向世界，独自开展各种活动。

美术馆落成时举办的展览是“近世法国绘画展”。庆祝开馆的席上，有法国驻日大使、国立西洋美术馆和东京国立近代美术馆的馆长以及外务省情报文化局长等。另外还有当时恰好来日的敦煌文物研究所所长段文杰先生。

我多年来的老友、现已去世的路奈・尤伊古先生，为这次的画展付出了策划、监督的辛劳。他还欣然同意担任名誉馆长的职务。这次画展是按照尤伊古先生的意图策划的。他试图系统地展示 16 世纪至 19 世纪法国绘画的发展。

他亲自为画展挑选作品，最后由罗浮宫、凡尔赛宫等八家著名的美术馆提供了 24 幅油画名作。他自己担任馆长的雅克马尔・安德烈美术馆，也提供了参展作品。有人评价这次画展不出国门就可以巡视法国的美术馆。出席开馆仪式的法国驻日大使安德烈・罗斯先生称赞参展作品的构成，认为在法国国内也很难在一处看到，对尤伊古先生杰出的才智感叹不已。

尤伊古先生是法兰西学院会员，世界屈指可数的美术家，和我编著过题为《黑夜寻求黎明》的对谈集。年仅 30 岁就担任了罗浮宫美术馆绘画部部长。他把从这些经历中积累起来的渊博的知识和造诣、深奥的洞察和眼力，全都灌注进这次画展。

“所谓战争，往往是由于人的欲望和想法的狭隘而引起的。”先生尖锐地谈到美术馆重要的使命说：“因此，超越了物质的、金钱的欲望，就会有最重要的精神追求。为了这种追求，就必须进行斗争。SGI会长在全世界呼吁的正是这一点。”

先生接着说：“美术馆是教育的场所。它教导人们要培养评价美和克服自我的心。因此，在人的精神教育方面，可以说是起着根本性的作用。”

划时期的画展　追溯绘画发展的足迹

这一年（1983年）6月，在轻风送爽、一片翠绿的巴黎会谈时，我们已收到参展作品的目录。从高乃依尔·D·里昂到普桑、李果、纳泰埃、布歇、佛拉哥纳尔、格罗、柯罗、德拉克鲁瓦、卢梭、库尔贝……从古典主义到写实主义、浪漫主义，通过代表各个时代的画家的名作，追溯了四百年绘画发展的足迹，真是一次划时期的展览。

尤伊古先生把法国艺术的特征定位为“连续性中的多样性”，并巧妙地作了解说——

各个种族的人们来到这片土地上，共存共荣，融合在一起，他们形成的并不是人种的马赛克，而是多样性的统一体。这种融合给法国带来了“和谐”的才能，特色吸取了多种多样的其他特色，不断地更新特色，同时具有连续性，获得丰富的发展。

其他的文化一到达顶点，往往就必然地进入休止的阶段。与此相反，法国却没有上升和下降、跳跃和衰退的起伏浪潮。它就像人在步行时，交替挪动左右脚，不停顿地顺利地前进那样，从多样性中汲取特色，继续相互利用特色。

当时的巴黎市长雅克·希拉克（后曾任总统）先生在寄来的贺电中也表达了同样的意思：“法国艺术通过其罕见的同化的才能，比其他任何国家都巧妙地避免了往往在伟大的创造的时代之后降临的衰退和荒芜的时代。”

想到这种“连续性中的多样性”的法国艺术的辉煌，在追求今后文化的理想方式和地球文明时，将会得到很大的启发。多样性就是一种力量。我再一次感到，从这一意义上来说，这次画展与开馆也是相称的。

希拉克先生当时未能来日本，深感遗憾。1987 年我访问法国时，与他在巴黎市政厅进行了会谈。他曾担任过总理，对该画展的盛况以及以后举办的“法国革命与浪漫主义展”等日法文化交流的发展，感到非常高兴。

谈点题外话。当时巴黎市副市长阿达姆·D·帕纳休先生曾出席过赠送“浪漫主义展”参展作品目录仪式。他的父亲曾任驻日大使，所以在日本居住过。据说 1967 他念高中时，曾和大使一起出席过我们在国立运动场举办的东京文化节，对学会的文化运动有亲切感。

在汇聚一堂的名画中，如果要举出两幅压卷之作，那恐怕要推《迈索隆吉翁废墟上的希腊》和《阿尔科尔桥上的波拿巴》了。后者是拿破仑叙事诗的伟大的代言人格罗的作品，它生动地描绘了拿破仑在威尼斯的阿尔科尔桥上那场著名的激战中的雄姿。

开战的第一天，面对潜伏在河堤下的奥地利军队，士兵们犹豫不前。这时，拿破仑亲自高举大旗，在敌人的枪林弹雨中，只身一人冲上大桥。将士们虽然随后跟上，但未夺回大桥，拿破仑被敌军追进湿地。至此，士兵们鼓起勇气，蜂拥而上，救出拿破仑。终于绝处逢生，杀出了一条胜利的血路。

据说拿破仑很喜欢这幅画。有趣的是格罗在给母亲的信中这样写道：“由于没有时间，甚至连颜色也未能决定。因此，只能抓住他（拿破仑）的特征，使出自己的全部气力，来画他的肖像。这真是需要勇气的。”——不仅是在战场上，在格罗的画布上也是鼓起勇气的。

高举大旗的拿破仑的背景颜色，就是一片弥漫的硝烟，更加烘托出拿破仑的雄姿，由此可以看出格罗的苦心。正是第一流的艺术家殚精竭虑描绘的作品，才会超越时代的筛选，继续生存下来，向我们逼近。

《迈索隆吉翁废墟上的希腊》是浪漫主义巨匠德拉克鲁瓦的作品。1826 年在同名的小村庄里发生了希腊反对土耳其的独立战争。希腊在战争中惨败。作品就是以此为题材。

说到德拉克鲁瓦，不由得联想到尤伊古先生。他 23 岁进入罗浮宫美术馆后，就策划纪念浪漫主义 100 周年的“德拉克鲁瓦回顾展”。他独自一人，苦心惨淡，一边与不安作斗争，一边进行准备。最后在中央展示室举办了回顾展，博得了极大的好评。他在考虑向东京富士美术馆提供参展作品的名单时，一定联想到年轻时代的自己。

他生前说过，这些青春时代的经验决定了自己的一生。他还说：“人生的秘诀，就是要经常超越自我，争取更高更大的自我。”——真是意味深长的话语。

再回到迈索隆吉翁。躲避进城堡的希腊军，宁死不降，用自己的手毁了城堡。在希腊军与土耳其军第三次交战时，迈索隆吉翁遭到了惨败。

争取独立的战争，引起当时欧洲很多知识分子和青年的共鸣。28 岁的德拉克鲁瓦义愤填膺，热血沸腾，回忆战场的情景，画了这幅杰作。

不仅是他，曾经参战的浪漫派诗人拜伦，1824 年在迈索隆吉翁患疟疾去世。德拉克鲁瓦打心底崇拜拜伦。还有维克多·雨果，面对宁死不降、摧毁城堡的悲剧，他的诗心如烈火燃烧。

画家留下了绘画，诗人留下了优美的诗歌。他们都把敏锐的生命的直观当作作品的源泉，以共同的感性，互相启发。他们嗅到了未来，在作品上刻上永恒的时间。

从德拉克鲁瓦完美的笔法中，可以看出对遭受伤痛的希腊的严肃的敬意和鼓励。象征希腊的年轻的女性，凛然地站立在废墟之上。这种拟人法是西欧绘画的传统手法。

冷澈的目光凝视着未来，显得坚毅顽强。微微向下张开的双手，虽然极度悲伤，仍未丧失不屈的意志。尤伊古先生强调了作品中月光的绝妙。月光酝酿出废墟上奇异的寂静，恰如其分地使人感觉到要从毁灭中站起来的静静的搏动。

在“近世法国绘画展”中，法国方面还提供了罗浮宫美术馆收藏的路易十四到拿破仑时期的铜版雕刻的原版参展。这些贵重的作品都是首次运出法国的国门。

没有精神斗争的文明很快就会衰退

东京富士美术馆以后广泛地开展国际交流，介绍了海外各国的美术珍宝，展示了丰富的馆藏品，并在海外举办了日本的名作展。1991 年受到外务大臣表彰。

日本在战后一味地优先发展经济，不知不觉地失去了对文化的关心，沉醉于经济大国的幻想，把文化看做是一种附属物，愚蠢地用金额来估价。有时把文化当作是一种贴金，遭到人们嫌弃。对充满多样性的各国文化，并没有表示衷心的敬意。

我不能忘记尤伊古先生曾用坚强的语调说过这样的话：“没有‘精神斗争’的文明，很快就会衰退。让我们一起开始精神的斗争吧！”另外，在东京富士美术馆的交流开始引起人们注目的时候，他对我作过这样过高的评价：

“为了接受能让人类飞得更高的尊贵的道路，美术馆是一个重要的手段。我两次造访了池田大作先生创建的美术馆。从其充实的馆藏和丰富多彩的策划活动，可以确认创立者对美术馆寄托的深意。”

总之，杰出的艺术品会向欣赏它的人的心灵诉说许多东西，会以不灭的生命力，使人的精神苏醒、飞翔。

文化耕耘和平的心田，掐掉残暴的萌芽，不歧视人，平等地给所有的鉴赏者带来感动。

牧口（常三郎、创价学会首任会长）先生、户田先生早就说过，文化具有不可摧毁的强大力量。他们如果看到今天的东京富士美术馆的活动，将会说些什么呢？

“佛法本来就是为文化的繁荣做贡献的嘛！”——他们会破颜一笑地这么说吧。

国宝即民心

（1984—1986）

阔别18年，再访巴西

阔别18年了。

巴西的同志们一直在等待着我。

1984年2月26日，“第一届SGI（国际创价学会）巴西大文化节”终于隆重地开幕了。

在此前一天，虽未事先预定，我还是赶到了公开彩排的会场。因为我已感觉到彩排会场里的巴西会员们正在拼命地呼唤我。圣保罗市位于南回归线附近，是南美大陆最大的工商业城市。在它的伊毕那普埃拉综合体育中心里，挤满了两万三千名友人。

我高举双手，做出“V”字手势，在宽阔的圆形舞台上绕行一周。

我的值得称赞的同志们，你们为了我，花了数日的时间从远方赶来！

我的勇敢的朋友们，你们在军政的统治下，咬紧牙关，化眼泪为祈祷，始终鼓励着友人！

我的光荣的珍贵的友人们，你们坚持高洁、深刻的信仰，苦苦等待了我18年！

我真想与这些尊贵的人们一一地握手、拥抱；我拼命地挥着手，回应他们的欢呼。

这里是热情奔放的桑巴舞的国度，是歌舞的大会。“匹克、匹克、匹克、唉·哦啦、唉·哦啦……”——巴西特有的欢迎的旋律，有着撼天动地的魄力。

啦、啦……

先生！

把您迎来到巴西，

圆了我们的梦。

……

谢谢您，先生！

献上真心的花朵。

……

诞生于里约热内卢的这首歌，瞬息间成为巴西会员们爱唱的歌，现在响彻了整个会场。

勇敢的心令人振奋。美丽的心光辉耀眼。如果把“谢谢您，先生”换成“谢谢您，巴西”，那正是我此时此刻的心情。我手拿话筒，站在场内，360 度地旋转着身子，跟亲爱的巴西的会员们讲话。

“阔别 18 年，能够与尊贵的佛门弟子、巴西 SGI 的我的朋友们再次见面，真是无比高兴！向你们致以最高的敬意和赞赏。”

“这次伟大的大文化节，将辉煌灿烂地留在巴西的历史上！一直到举办这次文化，你们付出了多少辛劳，有着多么美好的心与心的合作，以及多么茁壮的成长和进步啊！我要含着泪水，再一次称赞你们！”

“含着泪水，称赞你们！”——这是我发自内心的呼喊。

三支短笛起家的笛鼓队

有的朋友是从罕有人迹的秘境亚马孙来的。从流域的中部城市马瑙斯到这里是四千公里，从河口城镇贝伦到这里是三千公里。他们是乘飞机、巴士和船只……来的。有的朋友不断地换乘长途巴士，花了三天时间赶到这里，参加了约一个小时的文化节，为了把自己的感动尽快地传达给留在当地的同志，又立即踏上要花三天时间的归程。68 辆包租的巴士，从里约热内卢沿着 116 号国道奔驰而来。

总之，巴西的大地是辽阔的。面积是日本国土的 23 倍，为世界第五位。境内流淌着全长七千公里的大亚马孙河。从热带雨林气候到热带草原气候，盛产苹果的寒冷地带，包含各种各样的气候。标准地图是用百万分之一的缩尺绘制的，和日本标准地图的五万分之一相比，面积的大小不可同日而语。

我继续向大家呼吁：

“佛法是构筑新世纪、创造文化的源泉。我呼吁，这是开创和平、缔造真正的幸福和安稳的世界的绝对道路!”

第二天正式的文化节当然也是十分精彩的。以“在 21 世纪的大地上唱起和平的赞歌”为主题，用三种布景来演出的节目全部极其华丽、精美。

21 年前仅由八人组成的笛鼓队，也发展成千人的阵营。精湛的演技赢得了观众雷鸣般的掌声。

笛鼓队成立的第二年，为表示一点心意，我给这个小小的巴西笛鼓队赠送了三支短笛和三套制服。从那以后，这个已经“成年”的笛鼓队竟成长为巴西屈指可数的大笛鼓队。被邀请参加国家的正式活动，精湛的演技受到人们的敬爱。不论在什么地方，我们的笛鼓队都是和平的天使。

在文化节的最后，我作了简短的发言说：“我希望大家把今天当作伟大历史的原点，作为一个好国民、一个优秀的社会人，度过能起模范作用的美好的人生。”因为 SGI 的人生态度就是要作为自己的国家的好市民、好国民、好社会人，为社会为他人做贡献。

菲格雷德总统也寄来了祝福文化节的贺词：“隶属于国际创价

学会的巴西SGI，在我国开展了文化、教育乃至争取世界和平的活动，为废除核武器等广泛的和平运动做出了贡献。”

在此五天前，我和总统在首都巴西利亚的面对三权广场的总统府办公室里见过面。两年前，我曾经收到过总统邀请我访问巴西的亲笔信。巴西利亚建在海拔1100米的大高原上，是一座绿阴覆盖的美丽的未来城市。我们一致认为：“要通过各国首脑的协商，摸索世界不战的道路。”总统感谢说：“巴西有许多日裔人，我们得益匪浅。”我说：“我认为，与其说是日裔人，不如说他们早已作为巴西人在巴西社会里活跃。”总统也表示赞同说：“是这样的。”

1908年6月18日，日本第一只移民船“笠户丸”载着158户人家来到了巴西。当时人们称他们是“弃民”。在这样的艰难困苦中，经过一代代不断的勤勉与诚实的努力，才赢得了巴西社会的信赖。

与菲格雷德总统会见之后，我与总统府办公厅主任阿布列乌先生就文明的未来等问题进行了交谈。阿布列乌先生还是国务委员、宪法学的权威，学识渊博，担任过最高法院的法官。据说一年前他偶然在纽约的书店里发现了我与汤因比博士的对谈集，很喜欢看这本书，因此很高兴期待与我交谈。我们谈得很尽兴，很有意义。

在巴西利亚综合大学进行了教育学术交流。尽管是暑假期间，我们还是受到了阿塞贝德校长以及各系的主任、教授和学生代表的欢迎。另外，我还会见了巴西社会福祉团体的总裁列阿尔女士、外交部长盖莱洛先生、教育文化部长费拉斯先生等许多巴西的有识之士，与他们进行了座谈。

巴西SGI扎根于巴西社会，受到信赖，其为社会作贡献的活动博得好评。这是令人高兴的事。但也令人感慨万端。巴西的会员们走到今天，付出了无法用语言形容的努力和劳苦。对此我唯有感谢。

这是第三次访问巴西，时间是 1984 年 2 月。18 年前的第二次访问是 1966 年 3 月。当时的巴西，由于两年前的政变变成军事独裁政权，很多文化人、有识之士遭到镇压，被流放到国外。社会本身处于紧张之中。

据说一些日本人和日裔人诽谤我们的运动，辱骂我们是“共产主义者”、“暴力宗教”，并向当局进谗言。我们从入境到出境，一切行动都受到警察监视，处于不知什么时候会遭到非法逮捕的异常状态。去体育馆参加最后的集会时，那里已被两百多警察包围，入口和出口处都站着警察监视。

因信仰活动而遭到镇压，本来是光荣的事。何况我是日莲圣僧的弟子。圣僧就说过：“因一日片刻也未曾松懈大声疾呼，故遭此大难。”度过了他壮烈的一生。他还说：“难来，可理解为安乐。”作为一个有信仰的人，这是最高的觉悟。

我只在圣保罗逗留了四天三宿，就不得不离开了巴西。

以后，1974 年也曾计划去巴西。当时长达一个多月的南、北美各地之旅，进展都很顺利，只差去巴西了。但最后入境签证未办下来，只好断念了。

阔别 18 年重访巴西，有着这样的经过。在此期间，巴西的朋友们不畏长途跋涉，一次又一次地来到了日本。

请到巴西来吧！——青年们眼中闪着泪花，大声呼喊。妇女们恳切地呼吁。壮年的会员们怀着坚定的决心催促。

我跟青年说：

“不要哭，在不远的将来，我们一定还会见面的。我一生都会不停地走在旅途中，一定会在什么地方见面的。”

于是我赠给寄托未来重任的青年一首短诗：

在遥远的
巴西的天地间
展翅高飞吧！
啊，追求真理的
诸君，光辉灿烂！

“牧口常三郎公园”和“户田城圣公园”

胜利地越过18年的巴西的友人们，都获得了极大的成长。我终于能够首次访问巴西SGI文化会馆，会见了许多勇敢的同志。

以后巴西SGI的大发展，堪称世界第一，产生了表彰创价学会首任会长牧口先生和第二任会长户田先生的“大街”和“公园”。如库里蒂巴市的“牧口常三郎公园”，圣保罗近郊的“牧口常三郎大街”和圣若泽杜斯坎波斯市的“户田城圣公园”等。

世界闻名的人权斗士、巴西文学院总裁阿塔伊德先生，以及著名的亚马孙河的守护人、现代巴西代表性的诗人吉阿戈·德·梅洛先生等人，在独裁政权下都受过迫害，可以称之为巴西的良心。我能与他们结下深厚的友谊，是我人生的宝贵财富。

很不好意思，我个人作为日本人，第一个当上了巴西文学院的外国会员。学院具有悠久的历史。听说它的外国会员有列夫·托尔斯泰、爱弥尔·左拉、安德烈·马尔罗、赫伯特·斯宾塞等人。此外，巴西政府授予我南十字国家勋章，里约热内卢联邦大学、巴拉那联邦大学和和里约热内卢州立大学赠予我名誉博士称号，圣保罗大学赠予我名誉客座教授称号。我一直认为，我是代表巴西SGI的友人来接受这一切的。

最高兴的是，实践牧口先生的创价教育学说的学校，在巴西已经增加到18所（截至1998年6月）。牧口先生的《创价教育学体系》（这是一部实践性的教育学术著作。它探究了创造利、善、美价值的人性教育的方式。1930年11月18日出版。这一天也是创价学会的前身、创价教育学会的创立日——编辑注）已被翻译为英语、越南语、法语出版。葡萄牙语版本1994年4月在巴西出版。牧口先生的人类爱教育的光芒照耀世界的时代已经到来。我对此感到由衷的高兴。

今年（1998年）6月6日，是牧口先生诞辰127周年纪念日。象征巴西21世纪发展的“希望的城市”坎皮纳斯市，特别表彰了牧口先生和我们夫妇。该市议会的代表特意参加了在东京的牧口纪念会馆举办的纪念诞辰的干部会，赠送了一块赞颂牧口先生的人权斗争的银制标牌。我无比高兴，衷心感谢。

其实我 1960 年 10 月初次出国访问时，就曾访问过圣保罗州的坎皮纳斯市。当时那里就有了 SGI 的地区。所以对我来说，那是一个令人怀念的重要的城市。当初大约 30 来人组成的坎皮纳斯地区，现在已经发展成为 1700 人的组织。

我谨向来到日本的、自巴西草创时期以来就一直担当领导干部赠一首和歌：

赞颂
　大巴西的光荣，
装点
　伟大胜利的历史。

“水浒会”的誓言

东京奥多摩的冰川青年研修塾（后来的冰川东京青年研修道场）的一室，桌子上放着一册厚厚的签名簿。翻开签名簿，上面记载着访问研修塾的青年们的名字和决心、抱负。

有人说：“文字表达人的心。”也许确实是如此。文字鲜明地刻写下该人的心境、刹那间心的微妙。不是字的巧拙，而是蕴含的真情会打动读它的人的心。

那天罗列在签名簿上的所有文字都有一种真诚。有着一辈子要走青春誓言大道的信念和热情。

我想起以前在恩师户田城圣（创价学会第二任会长）先生指导下，在誓言簿上签名的水浒会的第一期中，仅有 43 人。现在户田先生如果能看到其后继的青年的活跃，该是多么高兴啊！

1984 年 5 月，在纪念水浒会第一次野外研修会 30 周年集会上，我感慨万端。——

水浒会第一期是 1953 年 7 月结成的。今年将迎来 45 周年。当时创价学会真正的发展还仅仅是开始，男青年部的会员不过一万余人。但是，恩师和我都确信，这好似小溪流水般的青年集团，很快就会成为几百万人的大河洪流。

展望佛法流布的未来时，最需要的是人才。怎样培育一骑当千的民众领袖，怎样构筑万年兴盛的学会的一切基础呢？——为了这个目的，当务之急是培育能成为青年部中坚力量的人才。户田先生要求水浒会能成为实地训练这种人才的场所。任何事物都要符合“源远流长”的道理。他是要把水浒会当作巨大的人才群体的“远源”，造成万年不竭的“长流”。

就是要培养能托付后事的青年。恩师对水浒会充满热情，惯例每月聚会两次，参加者如果生命有一丝污浊，或者以敷衍了事的态度发言，恩师都会如烈火般勃然大怒。

我也非常认真。水浒会曾在前一年的1952年的年末成立过一次。但由于参加者的惰性、贪图安逸，仅仅半年就夭折了——我拼命要求再次成立水浒会。绝不允许它重蹈覆辙。准备工作做得极其周到，每次聚会我都亲自参加。

再次成立水浒会以后一年多，1954年9月在冰川溪谷进行了水浒会第一次研修。这是户田先生提议的。他说：“不要总是在室内聚会，偶尔在大自然的怀抱中进行一次轻松愉快的野外训练，养一养浩然之气，留下美好的回忆。怎么样?”

在映红了傍晚天空的野营篝火前，围着恩师举行提问答题会。或者流着年轻的汗水，举行相扑大会和骑马比赛。两天一宿，在充满恩师的慈爱中，进行了令人难忘的野外研修。

当时，我一直在恩师的身边。第二天的中午，预定的活动已告一段落，我和恩师一起来到青梅线电车的冰川站附近。这时只有我们两人。

前一天晚上，我们住在营地的野营平房里，一切都不方便，不可否认很不舒适。我想可能是周围都是杉树林，虫子很多的缘故。

整天忙于野外研修，恩师的样子显得很快活，周围的人谁也没有怀疑他的健康有问题。其实恩师的样子已很疲累，我经常想让恩师能忙中偷闲休息一下。

走到公交车车站附近，眼前一户民家的门口放着一张长椅子。看来是出于好意，为等公交车的客人提供的。为了能让恩师稍微休息，我跟民家打声招呼，就和恩师一起坐下了。

凉风使人感到这里的秋天要比城市里早到一步。在这样的凉风中和恩师一起度过恬静的一刻，至今仍然鲜明地留在胸中。恩师手执爱用的扇子，我穿着开襟的白衬衫。他眯着厚厚的镜片后面的眼睛跟我讲话。话题总是谈未来。说起来所谓“要建大学”的谈话，也是户田先生在冰川这地方说的。

当时的这段往事还有后话。据说这户民家的人们后来都入了学会，大概是读了我的小说《人性革命》，也知道了冰川的野外研修。于是连同当时他们家的略图，给我寄来了一封诚恳的信，说他们觉得那时看到的坐在长椅子上的人，没准就是户田先生和我。

他们看到先生和我，据说感到有点奇怪，“好像是父子，不知道究竟是什么关系。”

在冰川创办青年研修塾

户田先生的愿望是在冰川这地方培育青年。我的人生就是要实现恩师的所有的构想。一直在等待时机，1982 年的春天，终于到了为此目的而建设研修设施的时候。因水浒会的野外训练而顺便建造研修道场，就会把恩师终生倾注在培养人才上的心血永远保存下来。

用地定在从野营地向多摩川上游稍微远一点的地方。我想用青年的智慧和力量来建造。只有这样，才能成为名副其实的青年研修的舞台。在一切都已准备好、一应俱全的环境中，是培养不出人来的。重要的是青年们的创意和努力。

在水浒会进行野外研修的时候，我们反复考虑把候选地定在哪里时，户田先生立即说：“交给你们定了！”先生始终尊重青年们的倡议，并对此抱有很大的期待。

因此，我也仿效恩师的想法，向青年们提议说：“虽然很辛苦，用大家的双手来创造一切！怎么样？”

建造研修设施，是从平整荒废的用地开始。材料的准备和建筑作业，全都由青年们来干。

荣光会是从事建筑业的男青年的人才组织。以它的志愿者为核心来担当作业。

大家白天都有工作，大多在市内上班。下班后从单位赶到深山中的奥多摩，怎么快也是晚上了。到了后也不休息，立即干活，一直干到天快亮。尽管大家动脑筋想办法，轮流着干，但恐怕还是会影响身体健康的。

从事营造庭园工作的人，一到雨天就休息。志愿者们就利用雨天，跑到设施里来营造庭园，浑身淋得湿透了，在雨中工作。

从开工仪式到落成仪式大约有两个月。他们在不时袭来的台风、夏天的酷热中默默地工作着。据说与工程有关的会员约有 3900 人次。我打内心里称赞他们。

不仅是青年们，当地的会员们也每天为后辈们送来盒饭和茶点。他们的真心也令人难以忘记。

1983 年 5 月，访问了这座真正由青年的双手建造的研修塾。

研修室散发着浓郁的木材的香气，庭园营造得美轮美奂。庭园的一角还建造了一座雅致的凉亭。我想到恩师说过这样的话：“完美无缺的工作，不花费一般的两百倍、三百倍的劳力，是做不成的。”

我怀着感谢的心情，立即给参加工程的人们赠送了和歌：

令人怀念啊！
与恩师一起，
在此地永远留下
水浒的誓言。

令人感激啊！

门下诸君，
真心建造的师生之家，
将永垂青史。

纪念集会结束后，我和青年部的代表们在研修塾的境内散步。四周山清水秀。绿色的群山在五月阳光的映照下，宛如天然的屏风，向观赏者逼近。从陡峭的悬崖上俯视溪流，溪流奔腾湍急的水声震撼着清澄的大气。

他们请我给境内的设施、庭园命名。这也是研修的一次机会。

比如说，从溪谷通往研修塾有一条长长的坡道。这条坡道相当陡。上这条坡道时，是感到艰难辛苦，还是勇往直前——两种心情是有天壤之别的。因此，我给这条坡道起名为“修行坡”。后来各地的会员来这里研修。可以看到他们生气勃勃地来往于溪流之间的身影。

终生不背叛恩师和同志

关于恩师严爱指导下的水浒会，以及由我继承遗志负责的水浒会的一些情况，正如我在小说《人性革命》和《新人性革命》中所描写的那样，当时的成员几乎全都成为学会的中坚。这自不用说。有的甚至在政界、财界、教育界以及文化、艺术界的第一线上活跃。水浒会会员誓言的第一条就是“终生不背叛恩师和同志”。

1984 年纪念野外研修 30 周年集会之后，我还访问了冰川好几次。每次我都衷心地为那些在弘扬佛法的途中逝去的同志祈求冥福。这些同志坚守年轻时的誓言，一直走在创价的大道上。我的职责就是称赞他们的荣誉，使其永垂史册。

另一方面，也有人虽受过学会的大恩，却以自我为中心，败给了自己，沉溺于利欲，最后叛离了学会。历史的几十年岁月，把人作了严厉的区分。

恩师敏锐地看透了一切，生前就对这些容易被名利驱使的人感到担心，并警戒过他们。这是一种始终考虑到将来的严爱。

我比谁都了解恩师的心。所以在恩师去世后，一直希望能使这些人有大的成就，保全弟子之道。我最大限度地保护过他们，暗地里也鼓励过他们。可是，还是有一部分人背叛了恩师和同志，打破了水浒的誓言，成为人生的败北者，这是大家都知道的。

本来无须多说，既是户田门生，就只有终生去实现一旦立下的水浒誓言。但是，根据佛法的因果法理，不能不说忘恩就会给自己的生命刻上背信弃义的污名。到目前为止，我自己就亲眼目睹了无数人的最后结局。一切都会凝缩着集中表现在这最后的结局上。不能不说太严酷了！

冰川是青年们立下誓愿的地方。在严寒的冬天，冰冷的溪水会把手冻僵。但是，只要流动，溪流就会清澈地跳跃。水质也不会腐臭。只要瞬息不停地流动，就是美丽的。人也是同样吧。

所以我寄期望于肩负下一代重任的青年。希望他们的人生要经常争取自己的提高，为争取伟大的未来而不断地前进。希望他们在青春时代就构筑“源远流长”的基础，实现未来的大成。

要不懈不怠、英勇雄壮、生气勃勃，如同那冰川的溪流……

“伟大的母亲”与“尚文的国家”

距首次访华已过去10年了。

这是第六次访华。

时间是1984年6月。这虽是一周时间的短暂之旅，但在北京、上海与中国的老朋友重逢，与新朋友相遇，每天都过得很充实。

获得了与胡耀邦总书记、政治协商会议主席邓颖超女士、中日友好协会名誉会长王震先生、中国佛教协会会长赵朴初先生、共青团中央委员会第一书记王兆国先生、敦煌文物研究所所长段文杰先生、中日友好协会已故会长廖承志先生的夫人经普椿女士、作家巴金先生、上海市市长汪道涵先生、作曲家孟波先生等人进行有意义的愉快的交谈的机会。访问了中国少年儿童活动中心、北京大学、复旦大学，加深了与少男少女、青年学生的交流，看到了未来的光明。

与每个人的交谈，访问的各个机关，都受到真正款待，使我感激不尽。这里我主要就与邓颖超女士（周恩来总理的夫人）的会见和在大学作的纪念讲演，谈谈感想。

到达北京第一天的下午，邓颖超女士早就在人民大会堂的新疆厅等着我们。

她身材矮小，对人坦率，关怀体贴。而且思维敏捷，判断准确，能抓住要点作简洁的发言。她从青春时代起，就为了祖国的自由和人民的幸福，和周恩来总理一起，作为同志、战友和夫妇，一直坚持战斗，是一位不屈的战士——是受到各个年龄层爱戴的中国人民的母亲。这位矮小而和蔼的女性，人们根本感觉不到她有着政治协商会议主席的头衔。她作为一个人，是一位熠熠生辉的伟大的坚强的女性。

一个人的伟大，从其不经意的话语的声音里也渗出来。邓颖超女士说要介绍一下在场的中方的要人和有识之士，用亲切的语气跟他们一一地打招呼。就连年岁相当大的人，听到这位衷心敬爱的大姐跟自己打招呼，也显得非常高兴。经历过几多坎坷和岁月，四周飘溢着只有在革命中出生入死的同志才拥有的那种信赖感。这种氛围实在太美了。在邓颖超女士的面前，在座的中国的要人们都是好弟弟，也像是孩子。她受到所有人的爱戴，确实是作为“人民的母亲”的存在。

邓颖超女士致词说：

“我常常想到池田先生所做的工作，想到创价学会和创价大学。池田先生真心欢迎访问日本的中国人，我衷心表示感谢。”

这些话里充满了一片真心。我第二次访华时，周恩来总理卧病在床。医疗小组禁止他的一切接见活动。可能是由于他已决心要托付中日关系的后事，决定要和我见面。周围的人担心他的身体，不知如何是好。因为会见对身体有害，为了说服他放弃会见，据说跑去向邓颖超女士求援。可是，邓颖超女士经过全面考虑，反而要满足周恩来总理的愿望，推动了会见的实现。这些经过，我是后来才知道的。

访问充满周总理夫妇回忆的住居

在前一次访华（1980 年 4 月）时，承蒙当时任全国人民代表大会常务委员会副委员长的邓颖超女士的招待，访问了她在北京中南海的家。当时被人们敬慕为本世纪罕有的政治家的周恩来总理逝世还不久，巨星陨落的悲痛消息早已传遍了世界。

这里是邓颖超女士和周恩来总理一起居住了 31 年的家。女士在大门口迎接我，把我领进会客厅。她跟我说："在人民大会堂建成之前，周恩来同志经常在这里会见外国客人。"

当时是 4 月。女士还说："我也是今年才开始在这间会客厅里接待外国客人的。"有意义的友好的交谈结束之后，女士领我走进繁花绽开的院子。她说："外国人在这个院子里散步的，今天您是第三个，一定请您观赏。"

在这个花的庭院里，海棠树的枝头结满了淡粉红色的花蕾，浅紫色的丁香花散发着馥郁的芳香，据说到了 5 月还要盛开芍药和梨花。女士怀念地指着一间屋子说："那边的房间，是周恩来同志工作的地方。"

这时，女士跟我谈了周恩来总理撒骨灰的事。这是一件严肃而饶有兴味的事，有点长。但我很受感动，让我介绍一下。令我印象深刻的是，女士怀着深深的爱和尊敬，称呼已故的周总理为"恩来同志、恩来同志……"

"——年轻的时候，我就和恩来同志两个人有过约定。那就是要为人民服务。死了也要遵守这个约定。因此，两人约定不保存骨灰。直到恩来同志病重，两腋需要有看护的人支撑着的时候，还叮嘱我说：'一定要实行我们两个人的约定啊！'"

"恩来同志去世时，我向党中央提出的唯一要求，就是不要为我们保存骨灰，把骨灰撒到全国去。"

"不保存骨灰，是一种要改变我国的风俗习惯的革命行动。恩来同志去世后撒骨灰时，也有人希望留一点作为象征。但我说，既然是革命，那就一点也不留。"

"也曾这么想过，在地上挖个洞，把骨灰埋进去，作为肥料来回报人民。但是，恩来同志去世时正是隆冬，大地全部冻结了。因此，没法挖洞。"

"另外还有个原因。在遗体送去火葬时，长安街的两边挤满了百万的人群。看到这样的情况，心里想，如果把恩来同志的骨灰埋在一个地方，大家会跑到一个地方去，这样会造成极大的混乱。因此，把骨灰撒到祖国的大地上，冲进江河里。不过，对我处理恩来同志骨灰的问题，实际上在中国还很难理解。人们把骨灰看得太重了。但是，那就必须为此建造建筑物，占据土地。新的风俗习惯在提倡的过程中，会在很多人的心中，作为一种风俗习惯逐渐固定下来。"

新世纪的前途取决于青年的成长

在人民大会堂与邓颖超女士会见时，我介绍了同行的创价学会青年部的代表。我说："为了将来，这次我带来了创价学会的青年领导干部。我希望能培育新世纪的年轻力量，加强中日两国间的信义与友谊的纽带。"

邓颖超女士反应敏捷，马上说："我们也在努力使年轻一代、接班人尽快成长。"给我介绍了在场的共青团第一书记王兆国先生等中国年轻的领导干部。"……使年轻一代、接班人尽快成长"这句话，使人感受到只有稳重而身负重任的人才会有的一种爽朗的魄力。

这位王兆国先生，听说现在（1998 年 10 月）已身居中国政治协商会议副主席、党中央统战部部长的要职，活跃在伟大的中国建设的第一线上。

我当时介绍的青年部干部，有男子部长浅见茂、学生部长谷川佳树和综合女子部长町田（现姓高柳）洋子等人。令人高兴的是他们都已茁壮成长。现在（1998 年 10 月）分别担任副会长、青年部长和妇女部长，都非常活跃。

总之，下一个时代只能托付给年轻人。新的世纪要由生气勃勃的青年、学生去开拓。因此，考虑未来的领导人要全力支援青年、学生。他们的茁壮成长，会成为任何东西都难以替代的喜悦。

和邓颖超女士会见的第二天，在北京大学作了纪念讲演。这也是由于我认为，要构筑新的未来，只能依靠青年、学生的力量。在北京大学图书馆正门的大厅里，有丁石孙校长以及教授、学生等许多北大有关人员参加，为我举行授予北京大学名誉教授的仪式。授予仪式之后，我以《走向和平的康庄大道——我的一点考察》为题，作了约一个小时的纪念讲演。讲演中说：

“从宏观的角度俯瞰中国历史，给人留下一个强烈的印象，那就是与其说中国是‘尚武’的国家，不如说是‘尚文’的国家。”

“人们说中国是世界上最重视历史的国家。在其卷帙浩瀚的史书中，只消信手翻阅几册，就可发现其中处处充满着伦理性和伦理感。我认为，这正是因为中国是‘尚文’的国家，由此而产生了抑制凭借武力进行侵略的力量。”

讲演还论述了中国文明具有争取和平国家的抑制力和自制力，并指出形成这种思考方式的基础，是中国人对事物的思考方式总是保持以人为原点的坐标轴。现代中国著名作家巴金先生曾在国际笔会大会上发表过呼吁。我介绍了这个以“以文会友”这句话开头的呼吁，作为这次纪念讲演的结论。

“水滴石穿，作品的长期传播也会深入人心。用笔作武器，我们能够显示真理，揭露邪恶，打击黑暗势力，团结正义的力量，只要世界各国一切爱好和平、主持正义的人们紧密地团结在一起，掌握着自己的命运，世界大战、核战争就一定能够避免。”

这次访华也和巴金先生在他上海的家中会见过。

在上海的复旦大学，也作了就任名誉教授的纪念讲演。和我有着亲密交往的、世界闻名的数学家苏步青名誉校长，以及许多教授、学生都热心地倾听了我的讲演。

汇聚着承担未来重任的学子的最高学府，请我作纪念讲演时，我都尽最大的努力承担下来。在佛法中，信仰宗教的人本来就和有最高教养的人、知识分子、人格高尚的人有联系。在古代还没有大学的时代，宗教领导人也是最高的知识分子和有教养的人。

在西方，不用举天动说和地动说的例子，就可了解宗教与科学自古以来就互相对立，不断地进行斗争。佛教是知识与智慧的融合，没有像西方那样与科学对立、斗争的历史。需要的是探索时代的指标，进行融和融合。在北京大学、复旦大学这样的中国最高学府进行交谈，从事为知识与智慧架桥的共同工作，我认为这也是对传来佛教的国家的一种报恩。在北京大学，这次是第二次讲演。后来又有了讲演的机会，共计是三次。

现在世界各地都笼罩在严重的混沌之中。在这种巨大的混沌中，被卷入最深，极其苦恼，拼命努力要挣脱出来，开拓新世纪的，恐怕要推青年学生了。在这样的时刻，罕有的中国的秩序感和统治感，一定会在人类历史上日益大放光芒。汤因比博士也曾向我强调过，从中国几千年历史中产生的统治经验和秩序感是非常杰出的。我寄予很大的期待。

我的以佛法为基调的微不足道的讲演，如能对那些拥有伟大的传统与历史的、“尚文”的英才们开拓未来有所帮助，我将无比荣幸。从那些目光清澈、面容严肃的青年学生中，如能出现第二个、第三个周恩来、邓颖超，不，出现几十个、几百个周恩来、邓颖超，那就一定会产生新的和平的世纪。

在甲子园球场举行的世界和平文化节

世界和平文化节第一次是在美国的芝加哥，第二次是在埼玉的西武球场，第三次是在札幌的真驹内屋外运动场举行的。这些都已刻进了历史，现在又决定 1984 年 9 月在关西地方举行第四次世界和平文化节。

会场放在哪里好——关西的学会领导与青年部干部反复进行了协商。

结论不约而同。不放在曾是关西魂的原点“雨中文化节”（1966 年）的会场——甲子园球场是不可想象的。青年们这种坚决要继承常胜传统的气魄，令人高兴。

关西的组织是我从年轻时候起一手培育起来的。大概是这个原因吧，不论干什么事，关西的学会领导都认真地为我全力以赴去做。这可以说是关西强大的原因。

两年前的春天，在大阪的长居举办了极其精彩的关西青年和平文化节。这成为后来各地继之举办的文化节的样板。因为有这样的经过，所以要考虑如何超过“长居”，怎样办得与众不同。

在彻底的讨论中，也曾多次征求我的意见。

我提出了两条建议。第一条可以说是质大于量吧。用团体操来吸引人也是可以的，但不能仅凭这些。也可以有人数少的、能令人神清气爽的演技。也就是说，表演如能坚强有力、技艺精湛就可以了。第二条是，从 55 个国家、2 个地区来的会员齐聚在一起，如何表现世界性，恐怕也是个课题。

关西的西口良三副会长最初似乎有些迷惑不解。关西的平民性中有一种草根的、甚至是泥土味的强大力量。我也非常喜欢这样的关西。但是，怎样才可以把它与技艺精湛联结到一起呢？据说为此进行了彻底的讨论。

当天傍晚，会场笼罩着开会前的那种紧张感和兴奋。为了取得使用灯光的演出效果，开演定在下午 6 点前。两万一千名要表演“人的艺术”的出演者，在外场的看台上布下阵势。

这不是单纯的“人组字”，还加进了动作，使文字和画面有立体感。因此而想出了使用可以自由变化的布，以代替以前使用的彩板。并且用一种名叫霓虹光的六色小灯泡，使发光的画面在夜色中浮现出来。如此众多的人数，也足以表演声震云霄的大合唱。他们都承担着最艰巨的任务，但每个人都是众人中的一员，可以说是最不显眼的艰苦朴实的演员。

社会上有不少人一听说“组织”，就抱着偏见来看待。但是，人是不能一个人活着的。人与人通过互相磨合才会成长。因此才有组织。人类共和的组织是必要的，也是有可能的。

看一看当今的社会，令人感到人与人之间似乎缺乏严格的磨合精神。不，也许是明明知道需要这种精神，却在有意回避。不论是企业还是学校，在很多团体中，最引人注目的是哼哼哈哈、敷衍了事的人际关系。如果丧失了互相切磋琢磨的人际关系，泡在沆瀣一气的温水中，那就不可指望有新的发展。

参加文化节演出的会员们，他们在成为创价学会这个组织的成员之前，是社会人，是学生，分别属于某个组织。要求向未来成长的青年们，内心希望能有促进成长的人与人的磨合。青年不满足于时代与社会的脆弱的精神基础，要求有学会这样的锻炼场所，恐怕可以说是理所当然的。

看一看学会的历史，文化节一向都是靠青年的热情和力量举办的，对青年的成长起到了不可估量的作用。他们为了自身的成长，选择了参加文化节演出的机会。要培育开拓未来的青年，必须要有相应的严格的熏陶。娇纵是不能培育青年的。当然，严厉的培育训练，必须要有互相信赖的坚强的纽带。而且培育青年的周围，不可缺少亲切温暖的人际关系。

学会、特别是关西的传统，为了培育青年，不惜整个地区都全力支援。给练习会场送饭团、饮料的人络绎不绝。还附上小纸条。上面写着："不能失败！""加油！"

练习结束后，回去的途中，还要去一趟活动站。有些为出演者担心、祝福的中年男子和妇女在那儿等待着他们，纷纷激励他们说："你们非常努力啊！""累了吧，再使一把劲就成了！"甚至还担心他们由于连续练习，有没有攒下了没洗的衣服，吃没吃早饭。

对未去参加练习或经常休息的人，会问一声"你怎么啦?"如果有苦恼，就像亲人一般跟他们谈心。这些中年男子和妇女自己在青年时代就经历过文化节，实际感受到这是成长的宝贵的机会。所以能不断地进行具有说服力的激励。青年在这样的氛围中培育成长。

展示信仰升华的场所

表演"人的艺术"的两万一千名成员们，克服了酷暑炎天，直到秋风刮起的现在，通过长达四个月的练习，严格地锻炼了自身，迎来了开演的前夕。

说起团体操，在东西方冷战时期，东方阵营举办的活动，有的带有某种宣传味道。也许由于这个原因，团体操往往被人认为是为了夸耀权力的权威和博得名声而举办的活动。

但是，学会的文化节，首先是与权力无缘的"民众团体"举办的，是展示信仰升华的场所。它表明了佛法会成为提高人们的生命力、创造文化的肥沃的土壤。

我来到会场，很自然地转向运动场。绕场走了一周。我想起码要回报一下会员们的辛劳，称赞一下他们的成长。

运动场上响起了一阵地动山摇般的喊声。那是只有经受了练习、战胜了自己的人才会知道的胜利的凯歌。与自己作激烈的斗争而迎来了此日此时的喜悦，震撼了甲子园的铁伞。就在此时已经注定了将要展开极其精彩的画卷。

提起甲子园就会想到高中棒球。日本高级中学棒球联盟的会长牧野直隆先生，作为来宾参加了文化节。他说，充满扣人心弦感染力的演技，令人感到甲子园好似变得狭小了。还说：

“重要的是青年能在集体中得到锻炼。要为了整个团队怎样发挥自己的作用。哪怕只是自己一个人掉队，也无法达到整体的和谐。要为了整体的和谐来磨炼自己。我认为这样的教育已取得了完美的成果。看台上的‘人的艺术’就是这样的典范。”

一人为了整体，整体为了一人——在人们哀叹杀气腾腾的人际关系、面临 21 世纪无望打开危机的现在，要求的正是这种觉悟和关怀。

本年（1998 年）9 月，在马来西亚首都吉隆坡举行的共和联邦运动会的开幕仪式上，马来西亚创价学会（SGM）的青年部五千人参加了演出，展现了精美的“人组字”，使观众叹为观止。有人告诉我说，在此之前的彩排时，马哈蒂尔总理等政府首脑也来鼓励打气。表演精美的“人组字”的 SGM 的青年们用马来语高呼：“马来西亚一定能成功!”总理回应说：“太棒了！干得好!”总理夫人也赞不绝口地说：“发挥了纪律与和谐的精神。”可以看到看台上与来宾席上人们互相挥手致意的动人的情景。

不分民族和国家，经过严格锻炼的青年们朝气蓬勃的英姿，会带来巨大的共感和对未来的希望。学会一向默默地孜孜不倦地培养青年。知情的人都会知道，这样的事实会成为学会大发展的“因”，产生向世界大扩展的“果”。

甲子园的演出——运动场上特设的舞台成了绚烂的表演空间。在那里一个接一个地展现了精彩的演技。要说华丽，在现代舞表演中，也有学会在这类节目中首次由男子部会员与女子部会员配对表演的场面。对别具一格的高雅的关西，观众报以热烈的掌声。

21世纪是非洲的世纪

另一方面，三千多名海外会员极其认真地要趁此机会学习“关西精神”。自此以后，“关西”这个词已成为世界各地的会员在人生与佛法流布的前进中争取“常胜”的共同语。

在文化节的演出中，有12个国家的代表作了精彩的表演。让人们亲眼看到佛法流布在向全世界发展，自然地表现了佛法的世界性。

特别引人注目的是作为“非洲”的代表的友人们的精彩演出。其成员总共是9个国家、不足10人。但他们登上高高的移动舞台，一边跳舞，一边带着天生的节奏感，唱着那首产生于东非、为人们广泛传唱的《玛拉伊卡》。这首主要用吉他伴奏的明快的曲子，以欢乐、快活给人留下深刻的印象，象征着“21世纪是非洲的世纪”。

他们到日本来，要经历想象不到的困难。路费相当于约两年的工资。还有极其严格的外币携带出境的限制。来到日本之后，他们才会聚到一起，利用会议的间隙，不断地进行练习。

充满激情演唱《玛拉伊卡》的，是从肯尼亚来的女子部成员旺佳女士。她现在已经成长为肯尼亚SGI本部妇女部的副部长，在酒店就职，工作也很稳定。去年（1997年）2月，她赶去参加在香港举行的SGI总会，担任总会的副议长，工作干得干净利落。肯尼亚还有创价大学毕业的奥塔利·真澄·桥本先生。他在国立内罗毕大学担任文学部讲师，很是活跃。

青年德阿逊是独自一人从西非以象牙海岸而知名的科特迪瓦来

参加的。当时组织还刚刚开始正式的活动，现在已发展成为拥有四千名会员的本部。德阿逊在国立科科德大学信息研究所任副所长，在学会组织内任本部长。各国都有令人瞩目的发展。甲子园的誓言，令人深受感动，而且是真实的，所以才有今天的发展。

我很早就说过：“21世纪是非洲的世纪。”一直期待着非洲未来的可能性与发展，坚持同非洲的交流。

甲子园文化节之后，我认为同非洲的文化、教育交流更加活跃地发展了。1991年，驻东京的非洲外交使团出人意料地赠给了我“教育、文化、人道贡献奖”。从加纳大学、内罗毕大学、诺思大学（南非）获得了名誉博士称号。

我想起了原南非总统曼德拉先生与我交谈培养青少年问题时说的话。关于人权运动的据点——非洲民族会议（ANC），总统对我这么说：

“我们ANC，从小就教导为社会做贡献的重要性和它的价值，这样来培养人。”

在他淡淡的语调中，既无争强，也无炫耀，我感到看到了他们的运动的底流。在铁窗中坚持了一万天的力量的源泉就在这里。

释放那天，他回应人们的欢呼说：“我是作为你们民众的恭恭敬敬的仆人站在这里的。由于大家不屈不挠的英勇牺牲，我今天才能这样站在这里。”从他的话里能感受到少年时期立下誓言的深远意义。

学会的今天，是在无名的平民不屈不挠、扎扎实实、英勇无偿的劳苦中培育起来的。要把它父传子、子传孙地传下去，就要靠在日常的运动中，坚持把学会的崇高目的教导给他们。文化节正是合适的场所。

甲子园第四次世界和平文化节结束的那天晚上，我赠给关西的朋友一首诗：

不论拥有多大国家的权力，
不论聚集多么有名的演员，
不论投入多少金钱与时间，
绝对办不成
如此从生命与生命，
心灵与心灵涌出的，
“舞”与“光”与“声响”的活跃的盛典。

文化节结束的第二天，关西青年部的代表来访问我。我特意跟他们说：

“大家辛苦了！不过，文化节是一座‘化城’（法华经中所说的作为一个目标的城——编辑注）。开始新的出发吧！”

世界和平文化节以后在夏威夷、广岛、洛杉矶、圣保罗、布宜诺斯艾利斯、米兰、纽约等地举办过多次。

第 17 次文化节于去年（1997 年）11 月又再次在关西举行。会场是大阪圆顶球场。无须多说，获得了很大的成功。

谈生命与佛法

现在想起来，还是由于身体虚弱的缘故吧。我从年轻时候起，就被“人为什么活着”、“应当怎样度过自己的人生”以及“生命是什么”之类的问题深深地吸引着。

“旅人啊！/你来自何方？/又向何处去呢？……”

人来“自何方”，又“向何处”去呢？——第一次见到户田城圣（创价学会第二任会长）先生时，脑子里就浮现出这首即兴诗。这大概也是由于“生与死”和“生命”之类的问题总是不离脑海的缘故吧。

直到现在为止，我作为一个佛法信仰者，一有机会，就以“生命”为题，提笔就写，开口就谈。1973 年出版了对谈集《谈生命》。

但是，对生命论的探究，不论古今东西，都是哲学家的最大的课题。而且，从根本上阐明生命的佛法哲理过于深奥，其深度、广度和奥秘，不论怎么论述，也论述不尽。与时俱进，思索又引起新的思索。

恰好月刊杂志《潮》也于 1985 年提出了要求，于是决定以新的构思和视点进行对谈。这就是《谈生命与佛法》。

提出的题名是《谈生命与佛法》。我的意图本来就不是要写一本单纯的佛教的概说书。

“生命是什么?”“生命是从哪里来的?”——这些问题看似简单，其实谁也不懂。但是，不能因为不懂就置之不理。

况且现代这个时代，可以说愈来愈强大的不是“生的力量”，而是“缩小生的力量”。换句话说，现代是“人离人愈来愈远的时代。”

正因为如此，人类必须要打破这道壁障，必须恢复对一切众生的感动，扩大“生命的力量”。所以我希望人们现在就要睁大眼睛注目这永恒的、广大无边的生命——我自己认为这次对谈中包含着这样的愿望。

在开始连载的时候，我想，不管怎样，论述要明白易懂，让人能轻松地读下去。

虽说是一个月连载一次，但页数并不少，还有专门的用语。我要尽可能使语言易懂、亲切。并且要在标题和照片上下工夫。这些都是能不能吸引读者的关键。

以前我在编辑月刊《少年》杂志时，户田先生就经常跟我说：“读者是从插图看起的，成功的一半要取决于插图。”

因此，我也很注意“开头”。从哪里切入，从什么话题开始，有没有结合这次连载主题的具体话题和逸闻趣事——每次连载都从各种角度进行研究。总之，应讲的题目是与宇宙同等广大的生命。开头一旦决定，谈话就会自然地自由自在地广泛地展开……

幸而博得了好评，连载比最初的计划大大地延长了。

坚定地走上使命的道路

在长达一年多的连载期间，感慨特深的是首次体验了住院生活。

这一年去地方的次数很多，大的会议又一直不断。大概是长年积劳所致吧，我感到身体有点异常。于是在 1985 年 10 月末，为了作精密检查，在东京新宿区的东京女子医大附属医院住了 10 天院。

身体不好，当然会被告知要静养。但在病房里也可以指挥弘扬佛法的工作，难以忘记的是当时的北京大学校长丁石孙先生特意来看望我。

有一天晚上，医院前面的大街上传来叫卖烤白薯的声音，我让人悄悄地买回来，好吃极了。

检查的结果，没有什么大碍，也就出院了。不过，一种所谓的体验，还是会给人的思考带来影响的。把这次住院作为一个契机，我感到对“健康”、“长寿”这些问题的思考好像比以前更加深刻了。

我年轻的时候，医生也曾说我“活不过 30 岁”。

我心里想：“这也无所谓，我希望留下一个证明，证明我作为户田门下的学生，在这里进行过一个真正的年轻武士的斗争。”每天都使出全部力量，拼命地奋斗。

看到我这样的情况，户田先生对我说：“大作，你是想死啊！你是要为了我而牺牲自己的生命啊！这样可不行呀！”这些话里有一种大爱，表明他已洞悉了一切。接着先生满怀真情地说：“要活下去，活下去，坚定地活下去！”“要有一个能够长寿的健康的身体。”

所以，恩师是“我的一切”。为了恩师，为了实现恩师构想的一切，我活下来了。

不论什么事业，什么运动，要想在社会上扎下根，打好向未来发展的基础，怎么也需要相当长的时间。现在想起来，是户田先生早就看到了我的所有的使命，为我点燃了生命的火焰。近来痛切地体会到恩师的用心之深。

户田先生去世时是 58 岁。我今年是 57 岁。我住院正是将要超过恩师去世年纪的时候。佛法是没有偶然的。与恩师去世年纪相吻合这一不可思议的时间上的一致，使我不由得感到有点意味深长。

《谈生命与佛法》的连载，也有我自身原有的体验，没想到会进一步促进了我的思考。

唤醒生命的跃动

提起生命论，我想起了 1992 年阳春 4 月，与本世纪最伟大的小提琴家之一尤迪·梅纽因先生的谈话。

先生很早就被人称赞为“神童”、“天才”，尽情地享受了盛名。由于周围人们的期待，他既为沉重的压力而苦恼，又遭到世人的嫉妒。尽管如此，他仍在自己的胸中不断地反问自己活着的意义，在一条道路上贯彻始终。他的每一句话里，都渗透出生命的光辉和人格的厚重。

我无法忘记，分别的时候许多青年来送行，他非常谦虚地说：“我已经这把年纪了，还有点像小孩子，竟然没有注意到让这么多青年在等着。”

在涉及各种问题的交谈中，梅纽因先生对佛法的生命观，特别对唱诵“南无妙法莲华经”的音律表现出很大的兴趣。这大概也是由于他通过音乐而磨炼了感受生命的跃动、鼓动的心吧。他对潜藏在人的生命深处的“魔性”的作用也有深刻的洞察。他这么说：

“长年身居权力宝座的人，会犯过错。这是最愚蠢不过的事。长期凌驾于众人之上，权力会使人忘记了‘人’。”

正如先生所说的那样，忘记了人生的根本目的就会堕落，就会不知不觉地被权力的魔性所迷惑。很快就迷失了自己，忘记了“人”，变得疯狂。这样的人生的败北者，多么悲哀啊！

牧口常三郎（创价学会首任会长）先生曾经谈过现代人的“严重的精神疾病”。“病情”确实在发展。用“心灵空虚”、“不信任人”、“没有感动”这些平常的言词根本无法表达的、深重的精神的黑暗正在蔓诞。而且，社会的现实是，不惜陷害他人，以他人的不幸当作手段，也要谋求一己的私利。这个社会一定是出了什么差错，有了什么不对头。

因此，要打开心灵的“窗户”。要沐浴阳光，充分地吸进新鲜的空气，使劲地张开双手，伸开双臂。我在《谈生命与佛法》中提出的问题，变得日益迫切。

不论怎么慨叹现状，分析再分析，黑暗是不会消退的。重要的是要重视生命的无限尊贵的价值，在自己的心中唤醒生命的跃动。

锦秋的 11 月，染成红色、金色的田野和群山，水面上漂浮着红叶的河流，都在吟唱着生命的诗歌，演奏着旺盛的生命赞歌的曲子。当今人们和社会所需要的，正是能敏锐地听到、感受到这生命赞歌的心。

创价女子短大的创办

进入创价大学正门，一直往前走，左手便是创价女子短期大学。校舍颇具女性风格，是很雅致的白色建筑物。在迎接新生的季节，与校园里盛开的樱花和黄色的连翘花相互辉映，那情景宛如一幅绘画，有一种说不出的美。

登上彩虹阶梯，步入校舍。穿过大厅，有一座命名为“文学庭院”的院子。在庭院中央的一角，一座高约 2.4 米的居里夫人雕像立于 1.5 米多高的台座上。居里夫人两手都拿着烧瓶，凝视左手高举的小烧瓶，眼神清澈明朗。这是美国著名的企业家布拉斯纳博士夫妇为纪念创价女子短大创立 10 周年赠送的。

大家都知道，居里夫人是夫妇二人一起获得诺贝尔物理学奖的。后来在一次意外的交通事故中，失去了研究的伙伴、最亲爱的丈夫皮埃尔。但她仍然专心研究，获得了诺贝尔化学奖。

夫人晚年回顾自己年轻时代发现铀元素的艰苦奋斗说：

“在破旧的仓库里，每天都专心致志地研究。这数年期间，是我们一生中最美好、最幸福的时期。”（玛丽·居里《自传》，收录于《世界非虚构文学作品全集》第 8 集，筑摩书房出版）

女儿爱维介绍了夫人苦学时代写的信：

“要详细地谈我的日常生活是困难的。那是很单调的，也就是说，根本没有什么有趣的事。不过，虽然很单调，但我绝没有感到无聊。唯一遗憾的是，一天的时间太短了，日子过得太快了。”（艾芙·居里著《居里夫人传》，白水社出版）

她埋头学习，无暇感到寒冷和饥饿。据说由于经常睡眠时间不足，一躺到床上，立即沉入梦乡。她是如此认真，如此充实。

夫人在信中写道：

“看来人生对我们每个人都不是那么轻松的。但是，那也无所谓。我们必须要有耐心，特别要有自信。我们一定要相信：自己具有某种才能，不论付出多大牺牲，也要具有某种才能。”（同上书）

她的每句话，都令人感到是发自青春时代的锻炼和灵魂的深处。居里夫人的雕像一定会告诉创价女子短大学生许多事情。

放置雕像的庭院里面是俱乐部会所，右手是能容纳 2300 人的白天鹅体育馆。学生们热热闹闹的声音不绝于耳。

“早上好！”

“您好！”

擦肩而过的女学生们，对初次见面的人也明朗地主动打招呼。打招呼是活泼的人性的流露，是一种要求成长的精神动力。许多来校访问的人们，都称赞学生们的飒爽英姿。我作为创立人，感到很高兴。

阴暗消沉的心里，发不出爽朗的寒暄的话语。厌烦人与人互相磨合的心理，产生不出要与他人积极交往的心情。

令人遗憾的是，作为现代的一种风气，人们早就在议论学生们连一句寒暄话也不会说了。这就是说，教育的荒废已经触及人性形成的根本了。

用崇高的理想和扎实的钻研来磨炼自己

创价女子短大是在 1985 年创价大学创立 15 周年时创办的。校训是培养“才智与福、德双全的女性”、“具有自己的信条、争取人类和平的女性”和“富有社会性和国际性的女性”。

最初设想是和女子高中一起，在大阪设立女子短大。关西创价女子初中、高中是1973年与东京的男校创价初中、高中相对应创办的。但后来由于时代潮流，两校都于1982年改为男女同校。根据这一情况，预计这两所男女同校的第一届学生中，三年后会有人希望进短大。因此决定在此期间在创价大学境内设立女子短大。

短期大学是战后不久作为暂定制度而成立的。根据1964年修订的《学校教育法》，规定为永久性制度，认为其“主要目的是深入教授研究专门学问技艺，培育职业及实际生活所必要的能力”（第69条之2），名副其实地定位为高等教育机构之一。

创价女子短大创办当时，全国已有五百余所短期大学。其中60％是女子短期大学。加上女生的升学率高，希望进女子短大的学生超过四年制大学。而且正值经济高速成长时期，各界都要求有实际性的专门教育。

在这样的背景下，创价女子短大开设了经营科和英语科两门学科。经营科的目的是学习企业的实际经营和实际事务能力，英语科是培养适应全球化的国际视野的涵养和语学。

1985年4月9日，在白天鹅体育馆隆重地举行了盼待已久的创价女子短大的开学典礼。在这里，进一步充实了创价的一贯教育体系，迎来了光荣的第一期学生374人。

第一期学生是极其重要的。建立什么样的传统，刻印下什么样发展的步伐——完全取决于第一期学生。创办创价大学时，我与第一期学生同吃同住，怀着同样的心情来担当建校的任务。对于创价女子短大的第一期学生，我也怀有完全同样的心情。

在开学典礼的席上，我谈了“理想”、“锻炼”和“教养”三点作为贺词。

关于“理想”，我是通过新渡户稻造先生的一些逸闻趣事来谈的——

据说他进入大学后，教授问他“学英语干什么?”他回答说：

“想成为太平洋上的桥梁。”后来他担任国际联盟事务局长，作为当时的日本人在国际上积极活跃。我怀着跟自己女儿谈话的心情，通过他的生活态度，介绍了他不仅高谈理想，而且每天都踏踏实实地钻研学问。

在这值得纪念的第一次开学典礼上谈这些逸事，是有原因的。新渡户先生和牧口（常三郎，创价学会首任会长）先生是生活于同一时代的人。牧口先生的《创价教育学体系》问世时，他作为牧口先生的知己，写了如下的序文：

“君之创价教育学，是余期待已久的我们日本人所创造的日本人的教育学说。而且余深信亦为现代人久已盼待其产生的名著。……其论述极为详细，网罗了各个领域透彻的科学意见。”

“从人生的目的演绎了教育的目的。在以人类之幸福为主要目的这一点上”是伟大的。

还进一步说：“余深信不疑，此不独是改革以前与实际社会毫无关联、步入绝境之教育的第一步，而且对于以教育改造为契机、革新步入绝境的现代社会亦将做出莫大贡献。”（第三文明社出版）这正是新渡户先生极其期待的。

人生的目的是在于人类的幸福。教育的目的也必须是如此——牧口教育学说具有这样深刻而敏锐的视野。以此学说为渊源的创价女子短大，正是作为其实践的场所而诞生的。曾为此学说的出版而奔走的户田（城圣，创价学会第二任会长）先生等人以及新渡户先生一定都非常高兴。……我怀着深深的感慨，致了贺词。

关于第二点“锻炼”，我着重讲了心灵锻炼的重要性。

关于第三点“教养”，我希望能培养“高洁、宽广、健全的心胸，能把正确的事物看成是正确的，美好的事物看成是美好的”。认为这是“真正的教养”。以此结束了讲话。

女性是伟大的现实主义者。她们对现实之所以敏感，是因为身边的家庭、养育子女、家计安排等，主要都要靠女性的双肩来承担。因时代的激烈动荡而受苦的是女性，在日常生活中蒙受社会激浪的，肯定也是女性。

正因为如此，女性特有的智慧是能把正确的事物认定是正确的，能直感到美好的事物是美好的。具备这样“真正的教养”的女性，如果能成为21世纪的主角，“和平与文化的新时代”就会来临。

建校以来，今年（1999年）已13年了，已有12届、4460名学生如同白天鹅般纯洁和坚强，毕业离校了。现在（同年）第13届、14届学生共822人在校学习。在第一届学生用建校的劳苦建立起来的光辉的传统上，又刻上了好多重年轮，令人无比高兴。

教育这一神圣事业是永恒的

“不认输。即使没赢，也绝不认输。”——这是我妻子的座右铭。只要有不认输的精神，总有一天，一定能进入福德双全的轨道。

所以，女性不能受环境的摆布而失去中心轴。首先要锻炼自己，不论发生了什么，自己也绝不动摇，绝不认输。所谓“短大时代”，就是为了达到这个目的。

妻子也是出于这样的想法，多次和我一起参加创价女子短大的学生节——“白天鹅节”等各种活动，深入到女学生当中去。妻子也要鼓励她们，要她们坚强起来，不管前途会有什么，都要把苦变成乐，把悲化为喜。

校长也由第一任的关顺也交接给第二任若江正三。关校长每天早晨都站在彩虹阶梯上，绽开他那独特的笑脸，迎接来上学的女学生。

若江校长是一位英才，曾在美国伊利诺伊大学获得博士学位（数学科），在亚利桑那大学和加拿大的马尼托巴大学执教过。创价大学建校时，赶回参加工作。

可以称之为学生生活顾问的学生部部长，也由佃操换为石井秀明。佃操作为理事，继续担任建设创价女子短大的工作。石井是创价大学的第一届学生。

短期大学的环境，与建校当时有很大的变化。希望进四年制大学的人比希望上短期大学的人增多了。再加上“少子化”，比如说，18 岁的人口 1993 年是 198 万人，到 1998 年变为 162 万人，5 年期间减少了 36 万人。这种少子化倾向还要更加发展，预计 2003 年将是 146 万人，比现在减少 16 万人。

四年制大学自不用说，短期大学可以说进入了更加严峻的淘汰期。对大学的选择，越来越重视所谓的质量。幸而志愿入创价女子短大的人还保持一定的数量。这完全归功于教职员们和学生一起，用非同寻常的努力，开创了“以学生为主角”的校园。

入学考试的难度，据说在短期大学中，经营、英语两门学科在全国都排在前几位。就职情况也是希望就职的人几乎全部都能就职，而且进的大多是有实力的企业。对毕业生的评价，据说也颇佳。

牧口先生曾说过：“教育不只是教给知识，还要教授如何学习、如何运用知识的智慧。”

教育的现场是为此目的而认真地互相磨合的场所。而教育的实况会凝缩表现在学生毕业后的人生态度上。所以，毕业生的活跃，是创立者最大的喜悦。

总之，对于 1971 年、43 岁创立创价大学的我来说，教育是我花费毕生精力的最终事业。

在发表要设立美国创价大学的远大构思，并开拓付诸实现时，我说过这样的话：“在我的时代如果无法完成，希望能继承我的遗志，花几十年的时间也要实现这一目标。”

教育这一神圣事业是永恒的。今天我仍要前进，朝着 21 世纪，不，朝着 22 世纪！

国宝即民心

南非的曼德拉总统（当时是非洲民族会议副议长）在铁窗内度过 27 年，始终坚持自己的信念。他结束了在圣教新闻社的谈话，即将离开时，说了以下的话：

“我们今天在这里得到的最大的‘收获’是智慧的语言。勋章也许什么时候会损坏，奖状也许什么时候会烧毁。也许会丢失或被窃，但是智慧的语言是不变的。从这个意义上来说，我获得了比勋章或奖状更美好的礼品。”

这是毫不矫饰的、不屈不挠的大丈夫的话语。穿过死亡线、坚持高尚志向的曼德拉先生的话语里，有一种深度和分量。我认为：人生态度本身就是勋章，行动本身就是奖状。从壮烈的人生态度中发出的真心话语，才具有不变的价值。曼德拉先生要说的就是这个意思。

为了庆祝创价学会创立 55 周年，从 1985 年夏季起，开始对为学会的发展作出贡献的同志颁发新的奖赏。壮年部颁发的是桂冠奖，妇女部是白百合奖，男子部（男青年部）是红奖，女子部（女青年部）是荣冠奖。

7 月 22 日是第一次颁奖仪式，25 日是第二次颁奖仪式，27 日继续举行颁奖仪式。我一个接一个地出席了颁奖仪式。受奖的人都是在第一线上支撑着学会、与我一起默默地为社会为他人战斗、并作出了贡献的尊贵的同志。我衷心地感谢他们，赞扬他们献身的辛劳。

这些奖赏绝不是上面给予的，不是权威或权力的象征，而是民众给予民众的。可以说是民众为彼此的活跃而感到喜悦、互相称赞的一片真心的象征和鼓励。学会的每个同志都由于自己的佛道修行，而拥有了永远光辉不朽的“生命的勋章”。学会的各种奖赏，都是对这“生命的勋章”的一种确认，也是一种象征。

这里根本无需考虑把每个人的功劳分为一等、二等、五等、七等……按顺序来排列。大家都是平等的。不仅是日本，还给世界各地草创时期的友人颁发了首届 SGI（国际创价学会）的桂冠奖、白百合奖、红奖和荣冠奖，表彰他们对和平、人权和幸福所作的贡献。

尊贵的七十三岁殉教的一生

创价学会自牧口常三郎首任会长、户田城圣第二任会长以来的传统，就是根本不把世间的地位、头衔、财产等放在眼里而发展起来的。牧口先生五十九岁时与户田先生创立创价学会以来，疾风怒涛般的战斗接连不断，在战时对宗教的镇压中，以“不敬罪”遭到非法逮捕，死于东京拘留所。

这是尊贵的七十三岁殉教的一生。一位木屐店掌柜的远亲，独自一人背着牧口先生的遗体，步履艰难地走了将近一小时，把遗体送到目白的先生家中。连车子都无法准备，真是寂寞冷清的归家之路啊！

据说牧口先生的三儿媳前一天收到拘留所发来“父病危”的电报，立即赶了过去，看到躺在病房里的公公毅然而爽朗的面容，再一次深深感到牧口先生伟大的人生。她至今仍然鲜明地记得“那可是一张庄严、善良、安详的面容啊！”据说几天前身体已经极其衰弱，从单人牢房转移到病房时，还拒绝了看守的帮助，说“自己走”。作为一个高傲的人，走完了最后的路程。拘留所的负责人也怀着敬意，称呼他“牧口先生……”先生的三儿媳对此印象很深刻。

当时巢鸭的东京拘留所，现在在东京池袋车站附近，变为高耸入云的超高层大厦的“阳光城”。丰岛区创价学会的会员们每天都精力充沛地在其周围活跃着。旁边就有一座漂亮的个人会馆，学会后继的年轻人不断涌现，草创时期的前辈老同志也还健在。创价学会是牧口先生豁出性命创立的。先生如果知道学会的人才如白云涌出，将是多么欢喜啊！

草创时期，我担任指挥弘教的工作，经常风驰电掣般跑到地方去。有一次，一位贫穷的老妇人，趿拉着一双磨坏的木屐，从东京的平民区跑来跟我说：“我也和您一块儿努力吧！”她既没有回去的火车费，也没有旅馆的住宿费。据说她女儿随后会替她筹措，她就不顾一切地跑来了。好多年后，编印那个地区的照片集时，碰巧收载了这位已成为故人的满脸笑容的老妇人的照片。我提笔挥毫，写了“献给伟大的母亲”几个字，赠给了老妇人的女儿。

据说女儿流泪了。这是敬爱、欢喜与自豪的泪水。她是看着草创时期的母亲激烈、拼命的献身的背影长大的孩子，现在也到了与母亲相近的年龄，自己也成长为继承母亲的精神的学会之子。这时，她一定会重新领会母亲在世时伟大的战斗岁月的分量和尊贵。人总是在自己经历过之后，才能很好地理解前辈的行动的意义。这样的敬爱之念，就是给前辈的勋章。学会已有几十万这样的朋友。

在镰仓时代，日莲圣僧门下有一位普通的平民妇女，过着虔诚的信仰者生活。她住在镰仓，据说后来成了寡妇。她背着年幼的女儿，来到圣僧流放的地方佐渡拜访他。圣僧称赞这位勇敢的妇女的信仰心，授予她“日妙圣人”的尊号。

在家的弟子中，有许多像富木常忍、四条金吾那样既有社会地位、经济又很富裕的人。而圣僧却破例地把“圣人”的称号授予一个贫穷的、无名的、连丈夫也没有的母亲。

以法华经的精髓为人生指针、为社会为他人勇敢地坚定生活的平民们——他们是创价学会的骄傲和强大的力量。坚持在佛法修行中生活的人群，就是创价学会。恩师户田先生曾经制作奖章，授给那些推进弘教事业的人，回报他们的功劳。那些勇敢的平民们，为了佛法流布这一伟大的目的，昼夜努力奋斗。他们得到的非但不是赞赏和荣誉，反而是世间的谴责和迫害。

针对这种情况，户田先生心里想：“起码要依照本尊，给予真心的奖赏。”我的心里也完全同感。因此，学会本部也反复进行了讨论，最后决定颁发各种奖赏。

日莲圣僧门下最杰出的弟子日兴上人说过：对于大力弘法的人“应赏翫如先师”。“赏”是赞赏的意思，“翫”是珍视的意思。

作为法华经的结论，普贤品中说：“可敬行法华经者如佛。”就是说，要像尊敬佛那样尊敬那些学习、传播、弘扬法华经精神的人。

称号都是对恩师的表彰和同志的荣誉

广布功劳奖分别于春季的创价学会日（5月3日）和秋季的创价学会创立纪念日（11月18日）、在全国各地举行两次颁奖仪式，已举行了44次（截至1998年12月），形成了优秀的传统。创价功劳奖也颁发了32次。此外还对在各个领域活跃、作过贡献的人们赠予了各种奖赏。如广布文化奖、圣教文化奖、创价教育光荣奖、创价体育光荣奖……

1985年7月，亚洲各国、各地区的青年部代表四百人会聚一堂，给新加坡、香港、马来西亚、泰国、澳大利亚等代表赠予了SGI红奖和SGI荣冠奖。接着意大利青年部51人来到日本，举行了颁奖仪式。

接着菲律宾、西班牙、墨西哥的朋友们也陆续到来。他们都是在各自国家胸怀建设草创时期的壮志的重要的、尊贵的会员。给他们赠予了前一年设置的SGI文化奖，并颁发了用日英两种文字称赞为和平与文化作出贡献的奖状和奖章。奖章的正面刻印着给地球戴上桂冠的SGI的徽纹，背面用英文刻写着“为和平、文化、教育的佛法运动”。

SGI的各种奖赏，随着各个国家、各个地区的发展而不断地扩大。现在在世界各个不同的地方产生许多有深刻意义的奖赏。如在永久中立的和平国家瑞士设置了瑞士火绒草奖。火绒草是美丽的高山植物、瑞士的国花，象征着呼吁和平的重要性。

关于美国SGI的“自由奖”，弗莱德·查伊兹理事长说：

“美国社会的自由，是以无数宝贵的生命为代价，依靠草根民众的团结争取来的。这个自由奖，是最懂得自由价值的美国，怀着对自由作出贡献的人们的敬意而颁发的。”

意大利也制定了文艺复兴奖。纪念章上刻着象征“人类精神复兴”的伟大的文艺复兴代表人物达·芬奇的话——“有价值的人生悠长”。

香港SGI奖的纪念章上刻着“希望之港”的文字，以及香港城市象征的钟塔和星轮渡（连结香港岛和九龙半岛的轮渡）。香港SGI的李理事长说：“香港是连结东、西方的希望之港，是向未来发展的希望的城市。香港SGI不断地向世界、向未来发送人本主义的信息。”

马来西亚的木槿花奖章上栩栩如生地刻着大朵的马来西亚的国花、被人称作“伟大的母亲”的木槿花（马来语是“布格拉雅”，中文是大红花奖）。巴西SGI奖章上用葡萄牙语刻着“赞扬您争取世界和平的光辉的行动”的文字。还有英国的塔普洛·科特文化奖、法国的维克多·雨果奖……简直就像世界的百花缭乱的花园。

古代日本平安朝时期，奈良佛教界已经烂熟、颓废。这时有人与其诀别，高举法华经第一的旗帜，在京都的东北创立了新佛教。他就是宗教界的革命儿、一位伟大的巨人最澄，即后来的传教大师。

这位最澄在其著作《山家学生式》中，就什么是“国宝”的问题，作了如下的阐述：

“国宝为何物？宝为求道心。有求道心之人，名为国宝。故，古人（齐威王）云：直径一寸之玉十个，并非国宝。光照世间一隅之人，是为国宝。”（《日本的名著》，中央公论社出版）

就是说，生活在正确的哲学道路上的人，才是国宝；把作人最高价值的“道”在日常生活中具体化，在社会的各个领域中活跃、作贡献的人，才是国宝。这是至理名言。他否定说，国宝并非指比金银更贵重的高价翡翠之类的美玉。一语道破：“人就是宝”。

学会永远遵循这样的精神。

我理解我以前从各个国家、各个大学、各个城市获得的名誉称号，全都是拼命掀起佛法流布高潮的所有同志生生世世的荣誉，都是对先师牧口先生、恩师户田先生的伟大的表彰。

王子、公主啊，让心中充满梦想吧！

孩子们的心中有宇宙。

他们是天生的诗人。大人看是灰色的阴霾的天空，映在他们眼中却是银光闪闪的珍宝的天空。

敲打大地的雨声，是天上的大鼓。

触摸面颊的风儿，是地球的呼吸。

他们会把看到的、听到的、触摸到的一切都变成宝玉。

正因为如此，我希望让孩子们看到美丽的世界，在他们的心中播下“好的种子”，给他们“好的营养”，培养他们。这是大人们首要的职责吧。

到目前为止，我一直在写创作童话。这也是想尽自己一份这样的职责。

为少年儿童创作的第一部作品，是 1974 年的《少年和樱花》。在这以后，一有机会仍继续写。1986 年至 1987 年，接连在报刊上连载了《亚历山大大帝的决断》、《广岛之旅》、《架在太平洋上的彩虹》和《萤火虫亮闪闪》四部作品。

要面向高中生、面向初中生、面向小学生，要说其中哪个对作者最棘手，那恐怕还是面向小学生和儿童的作品。

字数、行数虽然短少，但不会因此而少费气力。带有道学味道或说教腔调，效果会适得其反。生僻难懂的词，当然不能用。

表达首先要率直、平易。人生的智慧和教训，最好让人自然而然地去掌握。……

虽有不尽如人意处，但幸而还有海外出版方面人士给予了好意的评价。

1992 年美国图书馆协会的杂志《图书编目》上刊载了介绍我的创作童话的文章说："清净纯洁，令人清爽愉悦，而且表达率直，既无道德的说教，也无感伤。"也许是过分的赞美之词，但看来还是把握了我的意图所在。

体验与事实是作品的"生命"

所有的创作都是利用每天工作的间隙写的。所以有时就把自己以前生活体验中产生的智慧直接当作题材。

如果有充分的构思的时间，情况将会是两样。但不可能指望有这样宽裕的时间。所以，不管是工作的间隙，还是进餐的时间，只要脑海中浮现出一个形象或一种构想，就当场把它写下来，即使马上用不上，反正有用得上的时候。而且，这样积存起来的构思，会随同时间而"发酵"。

以前我在户田先生下面最初被委任的工作，就是当少年杂志的总编。为了请人写稿子，见过许多作家。如诗人西条八十先生、作家山冈庄八先生、野村胡堂先生……以及推理小说家江户川乱步先生。尽管是拜托人写稿子，自己虽是一个无名的编辑，也不能不作任何准备。事先必须要很好地掌握作家的为人和作品的倾向。

而且，有时虽然顺利地获得了写稿的承诺，但未能拿到稿子。在这样紧急的时刻，就只好自己来写了。实际上有好几次这样的机会。因此，我也认真地钻研过儿童文学的文体和结构等。这是令人怀念难忘的事。

那个时期的经验，使我受益匪浅。我感到自己自然地掌握了面向儿童的作品的表达方法，也可以说是把灵感与作品相结合的构成方法。

在执笔写作时，还有一点要注意。那就是文章中不可或缺的是事实的分量和具体性。恐怕不管什么样体裁的作品都可以这么说。

不论怎样空想的故事，如果没有某些事实来映衬，那就不会有深度，完全变成编造的文章。那就不能打动人的心。在事实与空想、现实与抽象之间架设桥梁的，恐怕就是“文章”吧。

因此，我给自己立下一条原则是，要尽可能根据实际经验。

例如在《少年和樱花》这部作品里，在战后一片烧毁的废墟上，樱花树奇迹般绽开出花朵，抚慰着人们颓废的心——这包含着我少年时期对樱花树寄托的思想。

《萤火虫亮闪闪》的主题是以关西创价学园饲养萤火虫的逸事为背景。另外还出现了在战败的一片混乱中，少年儿童在中国东北地方四处逃避的场面。这也是根据寄给我的真实情况而写的。

就近年的作品来说，《沙漠中的宝城》的舞台敦煌，是我从小学时期起就一直憧憬的地方。《喜马拉雅光之王国》是我1995年访问尼泊尔时看到喜马拉雅群山的印象，变成了作品中形象的原型。

我收到很多儿童读者的来信。于是我经常感觉到，他们把作品的一字一句都看得非常仔细认真，而且很难猜中他们究竟对哪些地方感兴趣。

举个例子来说，在《喜马拉雅光之王国》中插入了用尼泊尔语写的这样的话：

给讲故事的人戴上花的项链，
给听故事的人戴上金的项链。
这个故事已经上天，
要讲的时候立刻就回来。

因为这是尼泊尔的民间传说、故事的末尾一定要用的“套话”。

所以与故事的内容并没有特别的关系。

可是，也许是这种文字游戏似的语调引起了关心吧，反响都出乎意料的大。孩子们说这是“神奇的语言，非常有趣!”

阿根廷的小学生还给寄来了美丽的绘画作品集。二十名儿童用画描绘出他们读过《雪国的王子》的感想。

翻开画册一看，有在空中飞行的王子。有抚慰受伤的白天鹅的少年、少女。在碧蓝的大海上，有扬帆航行的船。这是他们读了童话后，驰骋自己的想象力画出来的吧。他们使用了大人也想象不到的色彩，用自由奔放的笔触，细致认真地描绘出一个又一个场面。

在孩子们的心中，《雪国的王子》好像已脱离了原作，开始独立行走了。

——不知道小读者们从哪个场面、哪些话语打开浪漫之门。作为作者，不能输给读者，一定要张开想象力的翅膀。

为了守护“来自未来的使者”

我的作品之所以也能在海外得到广泛介绍，很大程度上是得力于英国的儿童画家B·瓦尔德史密斯先生的插图。他是世界顶级画家，被称为色彩的魔术师，他的出现甚至被人们说成是图画书的革命。

缜密、细致的构图，美与浪漫的色彩的交响乐，真是令人屏声敛息的美。最重要的是有一种热情，洋溢着生命的温馨。

截至目前，他为我绘制插图的作品共四部，即《蓝色的大海与少年》、《雪国的王子》、《月亮和公主》和《樱花树》。

他为这些作品投入了全部心血。他曾坦率地说过，像他那样熟练的画家，完成一册插图也要花三个月时间。

我十分感谢他。我认为，支撑他绘画事业的，与其说是对孩子们的爱，不如说是深深的尊敬之念。

孩子们是最高尚、尊贵的，是最宝贵的存在。让我们用画笔来装饰这美丽的心灵的王国，为孩子们效力吧！这是自己的天职——

他的画不由得令人感受到这样的喜悦和感动。

附带说一下，我以前的创作故事和童话中，很多作品的题名都带有“王子”、“公主”的字眼。这是因为我想对这些来自未来的尊贵的使者，首先要表示最大的敬意。

这些宝贵的孩子们——现在受学校教育管理，被考试追逐，快要窒息了。火热跳动的心，被封闭在狭小的空间里，快要变成一片冻僵的铅块了。

维尔德史密斯先生也认真地说：

“在孩子们中间，亲近好书的习惯正在逐渐消失。而且流于低俗文化的社会风潮包围了孩子们。”

“现代确实是物质与信息泛滥的时代。由于这个原因，现在孩子们反而正在丧失自己思考、琢磨、创造的能力，习惯于赐给物质与信息，不能自己创造和发现了。”

有某种东西要夺去孩子们的生命力——维尔德史密斯先生平时总是表情温和，唯独这时好像因对这种东西感到愤怒而在颤抖。

许许多多有心人，大概也与先生有同样的想法吧。社会上充斥着暴力、憎恨和怠惰。正因为如此，我们必须要守护孩子们。

现在（1999 年）我正在写作的是第 19 篇创作故事《珊瑚海与王子》。这次的舞台是冲绳的明媚风光与大海。

南国的生命的跃动、浪漫的搏动，不知道能表达几分。但不管怎样，我要提笔来写，要继续呼吁：

“王子、公主们啊！挺起胸膛！不要退缩！让心中充满梦想吧！”

与自然的对话

1986 年 1 月，在诗人正冈子规热爱的爱媛县松山，在小仓城威严地扎根于大地的北九州，在水渠密布的美丽的仓敷，举办了“与自然的对话”摄影展。

这次摄影展是我从平时拍摄的照片中，挑选出一部分举办的。

2 月，在横须贺、沼津、小田原举办。以后，接着又在所泽、东京的葛饰、和歌山、八户、尼崎、宇都宫、姬路、会津若松、春日井和一宫举办。这一年在十六个会场举办了摄影展。每个会场都有十多万人观赏了我的摄影。在此前一年，曾在东京、大阪、广岛、名古屋、大垣、铃鹿和滨松七个城市举办过摄影展。

我不是专业摄影家，也未曾想过要举办摄影展。第一次摄影展是 1982 年 4 月 2 日举办的。那时是作为富士美术馆建馆十周年纪念活动，许多人向我提出要求，希望一定要举办一个摄影展。我无法拒绝，只好同意了。

我开始摄影是在此十年前。1970 年前后，我疲劳过度，身体欠佳，有人送给我一架相机，让我转换一下心情。我反复考虑，总觉得什么时候能拍照点什么，来回报他的一片真心。

不用说，拍照我完全是个外行。我是 30 岁时才拿起相机的。年轻时写的日记中，有下面这样的记述。那是 1958 年 1 月 2 日，我30岁生日那天的日记：

“有生以来第二次使用相机。拍了两三张先生在走廊里的照片。”

所谓“先生”，当然是指户田城圣（创价学会第二任会长）先生。当时是先生逝世的三个月前，身体已很衰弱。那次拍的照片现在手头已没有了。不，很可能没有拍好。从相机和胶卷的性能以及当时的摄影技术来看，一定是变了颜色或褪了颜色，不能很好地保存。

不过，关于户田先生，尽管没有照片，但比照片更准确地刻印在我的眼中和心中。令人怀念的恩师的形象和言行，随着岁月的流逝越来越鲜明。刻印在生命中的形象，是绝对不会消失的。

上述的日记中写着“有生以来第二次使用相机”。第一次使用是在此一个半月前。在前一年的11月11日的日记中这样写道：

“一点，从本部前出发去伊东网代。秋季职员旅行。大家看来很高兴。”

第二天。

“回到东京已是晚上8点，途中摘橘子，拍了好多张照片。如果拍得好，就送给大家。”

不知道这一次是不是也没拍好。以后有一段时间不太有拍照的机会。现在不管是在国内还是在海外，我总是把相机放在身边，在忙碌的日程的间隙，遇有按快门的机会，我都尽量不放过。我对拍照的心情，仍如年轻时候一样。

有趣的是，正如“与自然的对话”这个摄影展的题名那样，我一直在拍摄大自然。有人问我：“不拍人吗?”有时我回答说：“因为人的心会变，自然不会变。”

有生以来首次使用相机的那一天，也是由于大自然的美震撼了我的心。我在日记中写道：“伊豆海岸的景观，橘园的美景，大自然的鲜艳，并非策略，亦非人工，无作本有（没有做作的本来面目——编辑注）。”

照片要用心来拍摄

照片要用心来拍摄的想法愈来愈强烈。大自然的“无作本有”的美一直使我的心灵陶醉。我不是专业的摄影家，所以并不指望、也不应该指望能有高超的摄影技术。我是在自己永无停息的人生的旅途上，把在心中产生共鸣的自然的美，用瞬息拍摄的心眼直接截取下来。我一直做的就是这样的工作。这虽是自然的风景，但也可以说是当时我心象的风景。

曾任日本摄影家协会会长等职的三木淳先生，是一位一直关注我的摄影的摄影家。他这样评价我的摄影说：“没有任何炫耀，完满无缺。解决了‘任何事都不可争强好胜，要保持自然姿态’的难题。”并对我的摄影态度作了这样的解说：“把镜头直截了当地对准拍摄的对象，准确地把握其内容。在其表现方式上，没有丝毫阿谀奉承，而是堂堂正正、毅然地按下快门。”

我确实是从自己的目光所及的高度来拍摄。既不爬到高处拍摄，也不蹲下来拍摄。而是一边移动，一边行动，用自然的姿势拍摄。

访问青森的东北研修道场时，我和当地的会员在附近的奥入濑溪流边一边谈笑，一边散步。我朝着一棵大树的顶部，几乎是对着天空按下了快门。同行的圣教新闻的摄影师，露出一副好像问我究竟在拍什么的表情。于是我问他们：“你们在这样的时候，恐怕不会拿起相机吧。”他们说是的。我这时拍摄了一张天空蔚蓝、光线透过绿叶、闪闪发光的照片。

有时我还把镜头对准树根。历经风霜的树根上开着小花，长着苔藓，有一种说不出的和谐，大树、小花、苔藓，都有各自的生命。高兴的是通过镜头编织了与自然的对话。

路奈·尤伊古先生是法兰西学士院会员、世界著名的美学家。

他对我拍摄的照片作了如下过高的评价，令我惶恐不安：

“这已经超越了单纯拍照的领域，其本身就是艺术。能令人沉浸在美好的艺术境界之中。如此完美地观察到日常景象，令人怀念的风景，不断变换的季节感等宝贵的大自然，不能不深深地感动。”

1988 年 5 月 3 日，尤伊古先生任馆长的法兰西学士院雅克马尔·安德烈美术馆举办了我的摄影展。这次展出的作品，都是由尤伊古先生亲自一件一件挑选的。当代第一流的美学家如今已成为故人。我对他有说不尽的感谢。

1992 年 1 月，在奥地利维也纳的冠斯托拉宫举办了我的摄影展。主办摄影展的是奥地利艺术家协会。我在摄影领域的活动，荣幸地博得好评，获得了该协会的国外会员和名誉会员的称号。汉斯·马伊亚会长是著名的摄影家。他在访问日本时，说了如下过奖我的话：

“池田会长拍摄的照片，使我们变得丰富了。在我们日渐磨损的人生中，它保住了我们，让我们与大自然进行某种对话。这种对话给我们内心深处带来了丰富的营养。”

令人高兴的是，我的通过相机“与自然的对话”，又通过照片，扩大为众人的“与自然的对话”。

将一瞬间永远留住的“战斗”

我正式讲究相机是从 1971 年 6 月在北海道的大沼拍摄圆月开始的。从那以后，两年期间拍“月亮”。以后两年一直拍“夕阳”。

最初用单透镜反射式相机尼康 F，使用过 28 毫米至 200 毫米的各种交换镜头。后来使用小型的全自动 AF（佳能自动）。接着由于各种全自动相机不断问世，我也就使用了各种类型的相机。当然都是极其普通的一般相机。

国际摄影中心馆长康奈尔·卡帕先生，是著名的摄影记者罗伯特·卡帕先生的胞弟。我和他曾在圣教新闻社交谈过摄影问题。他和他的在战场上戏剧般死去的哥哥都是卓越的摄影家。我就摄影问题谈了如下的想法。康奈尔·卡帕先生表示赞同，说对我的摄影观完全有同感。

我谈的想法的要点是这样——摄影是哲学的绘画。摄影艺术就是表达生命的现象和万物生生不息、不断变化的过程。“瞬间”的生命会凝结为“永恒”。在瞬间之中，会鲜明地反映出一个人的人性、过去与未来、命运和人生经历等实相。所谓摄影，就是抓住并表现这一“永恒的瞬间”的艺术。在这一意义上，摄影家并不是单纯的记录者，而首先是真挚的人性的追求者。

我认为生命就是相机。生命在每一瞬间都“啪”、“啪”地按着快门。刻印在生命中鲜明的回忆，连同映像都永远不会褪色。因此，不擦亮自己生命的镜头，就不能拍出照片。

我本来就没把摄影当作职业。也不会为了摄影而特意去旅行。但也不会因此而满不在乎地、悠闲自在地拍照。

有一次有人问我：“摄影是你的兴趣爱好吗?”我回答说：“摄影是战斗。要把不会再来的一瞬间永远留住。这就是战斗。要珍视现在这一瞬间。我希望有这样的人生态度。”

在土耳其的首都安哥拉举办的摄影展上，作为来宾出席的当时的文化部长萨拉尔先生说：“宗教是否能保证世界和平，还是个未知数。但是文化一定会把人们的心联结在一起，这是确定无疑的。”他的发言给我留下深刻印象。我认为，摄影文化一定会超越东方与西方，起着巨大的作用。

为了全世界人与人的团结、心与心的交流，今后我还将手持相机，继续进行与自然的对话。

肯尼亚口头文学奖

从文明的曙光还很暗淡的时候起，人们就开始把人生的经验、生活的智慧和文化的价值等编作故事，由父母给子女、老人给青年口口相传下去。这是采取语言的形式，一代传给一代的口传故事，也是一种创造。

在取暖的火堆旁，奶奶模拟身边的动物、植物，编成故事，讲给孙儿听。故事饶有兴趣，而且明白易懂。

比如有下面这样一个非洲的故事。故事的题名叫《豹子的身上为什么会有黑色的斑点？鬣狗为什么身披肮脏的外套？》

有一天，乌龟正在吃自己非常爱吃的蘑菇。这时，跑来一条鬣狗，冲着乌龟说，吃蘑菇的动物是大傻瓜。没有肉吗？当它知道没有肉时，很生气，故意把乌龟挂到一棵很高的树上。

乌龟又饥又渴，一直大声呼救。这时来了一头豹子，听了情况，感到乌龟很可怜，亲切地把它放到地上。

这时的豹子穿着一种极其普通的黄外套。乌龟说要谢谢它，就唱了三遍歌：

你对我总是这么好，
所以你会变得很漂亮。

从此以后，豹子就穿上了带黑色斑点、金光闪闪的漂亮的外套。人们很喜欢这样的豹子。鬣狗来到乌龟的身边，硬要乌龟把自己也变成豹子那样。乌龟这次唱了三遍这样的歌：

你对我总是那么坏，

所以你会变得很丑陋。

鬣狗的外套虽然背上有斑点，但被熏成了灰色，很难看——

故事的梗概就是这样。老奶奶用跌宕起伏的情节和引人入胜的语调把它讲述出来。很自然地把人生中的教训和善行的重要性教给了人们。孩子们全神贯注地听着。这是以前哪个国家都可以看到的动人的情景吧。

收入这个故事的《为什么、怎么会是这样的故事——肯尼亚的民间故事》的作者，是帕梅拉·科娜女士。她是肯尼亚口头文学协会的会员。据说这本书是女士把自己小时候在维多利亚湖畔家中的火炉旁，从奶奶那里实际听到的故事整理编成的。顺便说一下，这本书在日本也出版了。译者是我的一位知己、熟悉非洲文学的明治大学教授土屋哲先生。

口头文学有一种亲切感。它不像电视那样单方面把信息强加给接受的一方。而是在人与人双方互相接触中传递人生的智慧，告诉人们社会的理想、人的伟大与愚蠢，巧妙地讲述处理事物的思想准备。

非洲的口头文学有着深远的传统。各种各样的故事在日常生活中经常成为人们谈论的话题，并朝着各个方面发展。讲故事的人充分发挥想象力和创作欲望，避免了故事的单调化。在这样的背景下，非洲各国重新评价口头文学的动向日益活跃。

口头文学的再发掘是对我们自己的探索

1986年9月，我荣幸地获得了一直积极进行活动的肯尼亚口头文学协会颁发的肯尼亚口头文学奖。颁奖仪式是在该协会的赞助团体之一内罗毕大学举行的。我未能参加。主宾是穆毕希副校长。仪式上，该协会会长王加拉先生宣布了获奖人。该奖项评选委员会主席金扬久伊（该大学附属成人函授教育大学校长，后任教育部高等教育局局长）先生介绍了我的各种文学活动和评选经过。

成为评选对象的，首先是我作为世界桂冠诗人的诗作，其次是广泛被译成各国语言的我的作品，其中特别列举了我与本世纪著名的历史学家汤因比博士、罗马俱乐部的创始人贝恰博士的对谈集。

我要把此项荣誉敬献给两位已故的博士。

仔细想一想，诗作通过朗朗口诵，会增添力量，更能打动人心。诗与口头文学是属于同一层面的。

对谈集也可以说是人与人之间一种双方互谈的传承。我自己就是想把谈话传到未来，因而全力加以编写。所以把对谈集列为评选理由，令我感慨殊深。

我在感谢这次光荣获奖的致词中说：

“口头文学是人类最古老的、并提供丰饶的文学土壤的、富有魅力的领域。不但在非洲，在全世界都受到关注。”

当时正回到任地的肯尼亚驻日大使，以及赞助团体之一的联合国东非宣传中心的迪贝所长都给我寄来了贺词。

另外，据说肯尼亚著名女作家、文化部副部长奥果托女士也作了这样的发言：“首届奖颁给了日本伟大的作家，我非常高兴。口头文学是我们的根。它会开拓人类发祥地非洲的文学的新潜力，并会以这次颁奖为契机，增进和日本的相互理解。”

说到“人类发祥地”非洲，最近的新闻有这样的报道：

“美国宾夕法尼亚州立大学的萨拉·提修考夫博士等人……发表了一项DNA分析结果表明，现在的人类（新人）是十万到十五万年前在非洲出现的，后来遍布到世界各地。……非洲人的DNA有很多种特征。另一方面，欧美人和亚洲人等的特征种类很少，只限于非洲人所具有的特征种类的一部分。这一结果清楚地表明，新人在非洲出现后，在现在的埃塞俄比亚附近的新人遍布到欧洲和亚洲。”（共同社）

对于前面提到的豹子和鬣狗的民间故事，我和很多人一样，感到有一种怀念，觉得以前好像曾听说过类似的故事。这正是因为把非洲当作故乡的“人类是一家”吧，因为口头文学里蕴含着作为人的共同的亲近感吧。

具有人性的温馨的“灵魂的呐喊”

在颁奖仪式的最后，穆毕希副校长祝贺我受到肯尼亚文学界最高权威的注目，然后就口头文学的意义，准确地作了如下的论述：

“口头文学是一种文化的表现，它用语言表达了我们的希望、上进心、社会与各个个人的相互关系以及与存在于我们周围的自然环境的关系。”

现在在非洲各国，正在进行把口头文学书写为文字的工作。由于这项工作，可以超越历史的时间而了解自己的具有普遍意义的文化遗产。

口头文学所说的内容，如与动植物的共存、与外国人的融合等，都是简单平易中带有深奥的意义。这些主题令人惊异地完全道出了现代的课题。真是既老又新的问题。

人的本性是追求和平的。要承认他人的尊严，不排斥他人。在人类社会中，互相协调是必不可少的……人们花了漫长的岁月，为了更好地生活，获得了这些智慧。

于是人们通过口头的方式，把这些价值一代一代地传承下去。

所谓口头文学的再发掘，可以说是一件探索我们自身的过去、叩问应当怎样生存的尊贵的工作。更何况对于战胜了殖民统治的辛酸的人们来说，在探究自己的根、自己拥有的值得骄傲的哲学的尝试中，包含着多么深刻的热情啊！

口头文学超越了近代以来冷酷的铅字和枯燥的知识所具有的局限。是具有人性温馨的“灵魂的呐喊”，是蕴藏着巨大潜力的人情味十足的文学。

以获得文学奖为契机，稳步而扎实地推进了与肯尼亚各界的交流。我的信条是，一旦缔结了信义，就要坚决遵守。约好的事情，就要绝对实行。国际交流更应是如此。

一年后的 1987 年 9 月，穆毕希副校长访日，我会见了他。吉吞格大使和尼日利亚获得诺贝尔文学奖的作家肖因卡博士也在场。我对自己获得口头文学奖表示感谢，副校长表示要促进将我的著作翻译成斯瓦希里语。

1989 年 7 月与来日的王加拉会长谈论文学也令人怀念难忘。会长当场邀请我去肯尼亚作家协会作纪念讲演。另外还跟我谈到一位创价大学第 12 届女学生在内罗毕大学研究肖因卡博士，修完了文学研究生课程。令人高兴的是，她后来成为文学部的讲师，担当起肯尼亚与日本的文化交流重任。

谈一点题外的事。曾和我编著过对谈集的吉尔吉斯的伟大作家艾特马托夫先生，通过有关口头文学的活动而与王加拉先生相识。吉尔吉斯也是民间故事的宝库。

王加拉先生于 1990 年 6 月由肯尼亚口头文学协会推举为该协会名誉会长，一直到现在。后来他荣任国立埃加汤大学的文学部教授和文学科主任。由于他离开了首都内罗毕，替换了会长。现在该协会在马辛基拉会长（肯尼亚特大学文学部讲师）和因当格希副会长（内罗毕大学文学部教授、文学科主任）的领导下，从事有关口头文学的出版和各部族的发掘等工作。

饶有兴趣的是，他们利用驱使戏剧、谚语的口口相传的手段，积极普及有关艾滋病预防的正确的知识和信息。对于非洲的文学家直面现代社会的课题和民众苦恼的态度，我不禁产生了敬意。

相互理解始于相遇相识。诚心诚意地不断交流，很快就会达成相互信赖。以获得口头文学奖为契机，我结识了许多肯尼亚文化教育方面的人士。

主要由内罗毕大学副校长穆毕希先生和因当格希教授的推荐，

我于 1992 年 12 月获得了该大学名誉文学博士的称号。

承蒙特别的盛情厚谊，首次决定授予博士称号的仪式在校外举行。吉恰加副校长和奥巴拉教养学部部长千里迢迢来到了日本。

吉恰加副校长在致词中谈到我和前任副校长穆毕希先生的会见，以及通过我的作品《谈生命》的斯瓦希里语版（内罗毕大学出版局出版），加深了对我的哲学和行动的理解。

奥巴拉教养学部部长引用了英国诗人吉卜林的一句箴言——“语言是人类使用的最有效的药”，称赞我是最适合证明这句箴言的“智慧的人”，实在不敢当。

把我们的和平、文化和教育的民众运动推广到全世界的，就是“语言”。

人们自发地到处谈论佛法思想的伟大，用坚信的语言互相传播。“口口相传”正是扩大运动的动力。

声音与声音、人与人，以及生命与生命——这些强有力的互相接触，是一切的出发点。

各种佛典的开头同样都是“如是我闻”。佛法是从传承开始的，并主张“声为佛学”。……

声音是极力鼓励人的、语言与语言的生命的交响诗。它在大家的胸中响起时，会涌出一种奇妙的力量。让我们充分地理解口头文学的强大力量吧！

迎来花甲之年

（1987—1989）

初次访问多米尼加共和国

晚上 8 点 40 分，飞机的舱门一打开，就吹进一股凉爽的清风。走下舷梯，迎接我们的是清澈的月光和满天闪烁的星星。

1987 年 2 月 8 日，我踏上了海外之旅第 40 个国家多米尼加共和国的土地。

在圣多明各国际机场，约有三百名 SGI（国际创价学会）会员来迎接我们。奏着华丽的进行曲来欢迎的笛鼓队，队员们眼睛美丽，精悍的青年们，夫妇二人并肩站立的老年朋友的笑脸，每张脸都洋溢着喜悦，双颊涨红。据说就在飞机到达的前一刻，猛烈的暴风雨还在敲打着大地。

实际上我在六年前就预定要访问多米尼加。但因日程变更，不得不中途取消了。

对于我来说，这也是实现夙愿的初次访问。据说朋友们都真诚地祈求“到达的那天是难得的晴天”。也许是老天理解了他们的心意，我一到达，暴风雨便截然停止，云层间露出了星空。发光的夜空亲切地笼罩着朋友们。我也曾向夜空祈求：

“月亮啊、星星啊，请保佑多米尼加这些心灵美好的朋友吧！用你们解除痛苦的光亮，让他们享受安乐的今天，带来希望的明天吧！”

多米尼加共和国是“加勒比海上的宝石”。她的首都圣多明各是哥伦布无比喜爱的新大陆最早的城市。车子行驶在市内街道上，残留着中世纪面影的市街，洋溢着平民的活力和生气。

我心里想：“从美国那样的大国来看，她也许确实是小国。但是，为碧蓝的加勒比海环绕着的自然美，却如同宫殿、如同乐园。这里的人们一定心灵光辉。值得注目的是作为人的心灵的丰富，而不是财富的富裕。”

不论拜访什么地方，我总要尽可能让人用车子带我在那个地方转一圈。这当然不是为了要悠然地沉浸于旅情之中，而是因为要亲自看一看这个地方的氛围，就可以窥见当地的社会面貌和世态人情。

法华经里谈到“观世音”。意思就是“要观察世音”。要听取这世上的各种声音和每个民众的真实的想法，并予以回应。这是佛法者的使命。不体察社会的动向和民众的心，就不能说是佛法者。

“民主之父”——贝拉盖尔总统

到达的第二天，在接受多米尼加共和国的最高勋章“克里斯托巴尔·科伦大十字勋章”之前，在总统府会见了贝拉盖尔总统。

总统被人们尊称为“多米尼加的民主之父”，他具有清廉、高洁的人格，年逾 80 仍有不知衰老的行动力。曾任 12 年总统后引退。后虽因白内障而失明，仍再次担任总统。想到国家元首的公务繁重紧张，这可以说是个极其罕见的例外。可以了解多米尼加的民众对他寄予的信赖和厚望。

在挂满名画的总统办公室里，为了让这位也是著名诗人的总统能有片刻的平和的心情，我给总统朗诵了他十几岁时创作的一首诗。幸而他好像打内心里感到高兴。

后来总统身边的人说："确实没有过。总统露出那样的笑容！从来没有过听到朗诵时的笑脸那样美好的表情。"同行的记者说："总统的眼睛里好像有什么东西在闪耀。"

我本来就认为，政治家等负有社会责任的领导人，就应当具有作为诗人的感性。

一边要脚踏现实的大地，同时心要朝着理想的天空飞翔。胸中能涌现出这样清纯的诗情，才是民众所希望的领导人。在众多的利欲熏心的领导人中，我从贝拉盖尔总统的身上感受到真正的领导人的风采。

关于总统，后来我赠了诗，也写了文章（收录在《我的世界交友录》)。对于我来说，他是一位难以忘记的领导人。

与盼待已久的朋友们见面，是在当天的下午。那是一个愉快的晴朗的傍晚。女性穿着色彩鲜艳的民族服装长裙，头发上插着花朵。男性头戴宽边帽，下穿白色喇叭裤。妇女部和女子部（青年女性）的会员们，用清明脆的歌声为我演唱了广大国民爱唱的《母亲的大地》：

我们的岛屿美丽无比，
雪白的浪花冲洗着海滩，
白色的海鸥在广阔的海溪憩息。
母亲的大地，我们热爱的大地！

正如这支歌所唱的那样。不能说因为有许多宫殿般华丽的建筑物和高楼大厦，就是美丽的国土。重要的是人的生命、人们心中的"宫殿"是否熠熠生辉。这里有着其社会的幸福实体。以佛法为根本的会员朋友们，作为多米尼加的优秀市民，如太阳般朝气蓬勃地在前进，他们的眼中有着这种"生命的宫殿"的光辉。

在多米尼加逗留期间，从多米尼加日本人会那里得到了关于移民的宝贵资料。翻开一看，里面记载着移民以来开拓的劳苦。

不只是多米尼加，北美、中美、南美的很多国家，在历史上都有许多日本移民，结成深厚的友好关系。日本也许还没怎么意识到。其实日本是受到这些国家极大的关照。在拜访这些国家的时候，我有一个强烈的想法，作为一个日本人，要缅怀先人们的活跃，同时要向这些接受移民的国家表示感谢。

访问多米尼加的第二年，我在东京会见了巴西第一代移民儿玉良一先生时，提议进行对谈，也是出于同样的想法。

直到现在，我一直与堪称为人类的精英们展望未来，真挚地进行交谈。与此同时，也与像儿玉先生那样来自草根、起着友好与和平的桥梁作用的人士交谈。因为我相信，称赞他们，留下宝贵的平民的历史证言，是很重要的。

肩负21世纪重任的青年们的活跃

在当地的SGI组织中也应该称为第一代的草创期的朋友们所经受的种种劳苦，是笔墨言词难以表达的。

每天都手里拿着词典，用结结巴巴的会话拼命地宣讲佛法。移民地区离市区都比较远，利用农地开垦工作的间隙，要走很远的路程，拜访各个市镇。有时徒步，有时开着破旧的卡车，掀起蒙蒙的尘土。机关报最初也是刻钢板油印的。没有专职的编辑，有时要通宵干。

在多米尼加大地上播下的佛法的种子，就是用这样刻苦认真的朋友们的汗水，使其发芽开花的。

自1966年建立支部以来，已经过去了21个年头了。会员由62人大发展到现在的约千人。

令人高兴的是，继第一代之后，第二代、第三代正在踏踏实实地成长。我见到了负责各种活动的创价班（男青年组）、白莲组（女青年）以及所到之处的英姿飒爽的青年们，这也是由于第一代活跃的结果。我尽最大的力量鼓励了他们。

在一个会场的入口处，一位朋友身体健壮，晒得黝黑，好像是从干农活的现场直接跑来的。我怀着要向他合掌行礼的心情，握住他的手。从这位无名的平民的王者骨节突起的手指间，传来了开拓者的自豪和喜悦。

包括访问多米尼加，这次历时约一个月的对北美、中美的旅行，来自日本的亲善交流团的朋友们也随行。

截至现在，每有机会，日本的朋友都访问各国。首先，具体地缔结友谊，对于世界的民众交流具有重大的意义。而且，一次去过海外，就会打开以后多次访问的道路——这是我多年来的想法。

另外，自己国家的真正面貌，只是身居其中，并不能完全看到。不如跳出这个框框，从世界的角度来眺望，反而能看到实像。

牧口（常三郎、创价学会首任会长）先生在其著作《人生地理学》中称日本为“太平洋大街××弄”。

这就是从外界来看自己的国家，把所谓“世界中的日本”当作一种实感来理解。对于往往被人们称作“岛国劣根性”的日本来说，这是特别重要的观点。日本由于工作或观光去国外旅行的人日益增多。立足于这样的观点来扩大见闻，恐怕是很必要的。

结束了四天三宿的日程，于 2 月 11 日离开了多米尼加，这天是户田（城圣，创价学会第二任会长）先生的第 87 个生日。

“你要走向世界”——遵照恩师的遗言，我的旅程不知不觉地访问了 40 个国家。预定以后还要访问美国和巴拿马。

与户田先生“师生不二”的旅程仍将继续。前往尚未谋面的朋友居住的国度、新的友谊在等待的国度。

飞机在云海中飞翔。机窗上浮现出恩师的慈颜，对于将有新的邂逅的旅程，我浮想联翩。

《禁止原子弹氢弹宣言》30 周年

我的恩师户田（城圣，创价学会第二任会长）先生出生于 20 世纪开幕前夕的 1900 年，目睹着时代的大转变而成长起来的。1904 年日俄战争爆发，日本日益向军国主义倾斜。遭遇关东大地震，亲身感受到遭受世界经济危机痛苦的世相。接着是两次世界大战，然后是日本战败。

现在正面临新的世纪，盛行回顾百年来的历程。而先生的一生及其思想、行动都与剧烈变动的 20 世纪紧密相联。

美国的媒体博物馆发表了美国著名的新闻记者和历史学家挑选的“20 世纪一百条特大新闻”。位居第一的是“广岛、长崎投下原子弹与第二次世界大战结束”。第二位是“人类首次登月”。第三位是“日本偷袭珍珠港与美国参加第二次世界大战”。

户田先生在第二次世界大战期间因反对战争而被军部权力关进监狱，直到停战前夕才出狱。他把《禁止原子弹氢弹宣言》作为“第一遗训”托付给了后世。从其生平来看，我认为是理所当然的归结。而且在留下宣言之后不久，不顾身体衰弱，大声喊叫“死也要去”原子弹爆炸地广岛进行指导。简直像要喷射出火焰的气魄。

人类首次登月是恩师逝世后的事。但恩师好像要充当其先驱似的提倡地球民族主义。他大声呼喊要“从地球上消除悲惨二字”，就是主张人类利益、人的利益应当优先于国家利益。这与预见到“人道竞争的时代”即将到来的牧口先生是立于同一的思想基础之上的。

两位恩师生活在战乱的20世纪，应当说是看准了人类未来的第一流思想家。其思想的前瞻性今后将会更加为世界所了解。

最近美国的《时代》杂志选出了“20世纪的伟大的知识分子”，第一位是爱因斯坦。户田先生生前经常说，和牧口先生一起去听来日的爱因斯坦博士的讲演是“人生的一大幸福”。那是1922年11月19日，在庆应义塾大学的讲堂里所作的长约5小时的讲演。这让我联想起两位救知欲、好奇心旺盛的恩师。

顺便提一下，创价教育学会是在此八年后的1930年11月18日创立的。

多年以后，我与诺贝尔化学奖、和平奖的得主鲍林博士编著过对谈集。在对谈中，提及1955年呼吁科学家们团结起来克服核战争危机的“罗素、爱因斯坦宣言”。在该宣言上签名的11人中的一人，就是鲍林博士。

以这篇宣言为契机，东西方的科学家超越意识形态而会聚到一起，举行了“帕格沃希会议”。该宣言的签名人之一、伦敦大学的罗特布拉特名誉教授担当会议的主席。

该会议掀起了一股阻止美苏以及其他强国之间核战争的巨大思潮。第一次会议是1975年召开的。奇妙地竟与户田先生提出“禁止原子弹氢弹宣言”是同一年。

我于1989年同罗特布拉特主席见过面，并交换了意见。

成为原子弹的理论背景的爱因斯坦的相对论、对核武器危机的警告，各种和平运动的开展……在20世纪激烈的动荡中，形形色色的各种人物纷纷出现。在本（20）世纪即将结束的现在，我和大家一样，感觉到一切正朝着重新重视人的内心的方向会聚。

历史性的《宣言》

信浓町的旧创价学会本部，总是处在来拜访的会员们的欢声笑语之中。会长室在二楼的一个拐角处。

那是在三泽运动场举行青年部体育大会之前。在会长室里，户田先生一个劲地在记着什么。他透过厚厚的镜片看着笔记本记了下来。写好之后，又重新看一遍。

牧口先生说过要“储存思想”，经常把思考的内容记录下来。户田先生做的正是这种“储存思想”。

牧口先生在担当教职的时候，储存了数量庞大的关于教育的重要性和实践的笔记。后经户田先生的努力，将其汇集整理为一本书。这就是巨著《创价教育学体系》。

“啊，已经这么晚了呀!”窗外暮色已经降临。恩师停下思考，赶去开会。每天就是过着这样紧张的日子。

我在恩师的身边，早就感觉到他要作什么重大的发言。那篇具有历史意义的《禁止原子弹氢弹宣言》就是这样诞生的。

静静地一闭上眼睛，脑海里便浮现出那天那时的横滨三泽运动场的情景。

1957 年 9 月 8 日，天空晴朗，万里无云。前一天的晚报全部报道了 10 号台风接近日本东部，将下大雨。所以台风一过，天空湛蓝，参加大会的人们都非常高兴。这个将流传后世的历史性的宣言的舞台，可以说是在天神的祝福下准备好了的。

由青年部主办、名之为“年轻人的节日”的体育大会，以这样的方式开幕——小飞机飞来撒下祝福的传单。我打响信号枪，宣告比赛开始。一百只鸽子腾空飞起。

恩师凛然的雄姿映入眼帘。他说道：

“大概是天龙也回应诸君的热诚吧，昨日的暴风骤雨已销声匿迹，迎来了今天的晴朗天气。充分发挥学会精神的诸君，以及来声援的广大观念的心，都令我衷心感到高兴。”

中国的典故认为下大雨的是天上的龙。开头就引用典故，是户田先生一贯的做法。恩师继续说道：

“今后也许会有灾难取代今天的高兴。我想或许会身受什么样的攻击。但我今天要向诸君发表今后应当作为遗训的第一条。”

这好似预料到自己的寿命已所剩无几，在半年之后就会身患重病而去世。确实是“遗训的第一条”。同时还在展望佛法流布的基础上，教导我们“不论有什么样的灾难来袭，受到什么样的攻击，都要做好思想准备前进！”对于信仰者来说，这也是最终的遗训。多么难得的师父啊！

恩师面对会聚来的五万青年，用感人肺腑的语调，铿锵有力的继续说道：

“下一个时代是要由青年来承担的。广宣流布（即佛法流布——编辑注）是我们的使命。这是自不待言的。但今天我要明确地声明我对核试验、原子弹氢弹试验的态度。”

“如果是我的弟子，我希望继我的声明之后，将其意义浸透到全世界。”

讲话简明扼要，但洋溢着对青年的信赖、期待和慈爱，可以看出声明中蕴含着非同寻常的坚定决心。

接着关于原子弹、氢弹，恩师坚定地表明“要拧断隐藏在其深处的魔爪”。

当时反对原子弹、氢弹的舆论汹涌澎湃。在此三年前，捕捞金枪鱼的渔船第五福龙号，在太平洋比基尼环礁遭到氢弹爆炸的放射线的辐射，无线电通讯长久保山爱吉因此而死亡。

户田先生的话深入到问题的核心。写在那个笔记本上经过反复深思熟虑的话说：

“我们世界的民众拥有生存的权利。威胁这一权利的就是魔鬼，就是撒旦，就是妖怪……即使是某个国家企图用原子弹来征服世界，其民族和使用原子弹的人也都是恶魔，都是魔鬼。我相信，全日本男女青年的使命，就是要把这样的思想传播到全世界。”

这些话断定使用核武器是侵犯民众生存权利的绝对恶，揭露了隐藏在其深层的魔爪。也就是说，它深入到制造并企图使用核武器的人的生命深层，尖锐地揭发了盘踞在那里的魔性。

前面提到的鲍林博士在和我的对谈中这么强调说：“比起核武器、军事力量这些恶的力量，更伟大的力量是人的心，是精神的力量。”

这些话和《罗素、爱因斯坦宣言》中这样一段话：“我们作为人向人呼吁——要记住你们的人性！忘记其他！”是相通的。和户田先生的宣言也是互相共鸣的。

创价学会的和平与文化的运动路线，就是明确地由这篇宣言决定的。

青年部向联合国提交的要求废除核武器的1000万人的签名簿，最近“废除核武器2000”① 征集1300万人签名运动，在纽约的联合国总部以及莫斯科、北京等世界各地巡回举办的“核威胁展”、“战争与和平展”，都是根据这篇宣言的精神产生的。

继承恩师的遗志，奔向世界

宣言发表30周年的1987年9月，在与我们有缘之地——神奈川县的横滨举办了“核武器——现代世界的威胁”展览。长洲一二县知事（已是故人）作为来宾出席，并致词说：“在铭刻着光辉历史的横滨地方举办展览。我希望以此为契机，废除核武器的县民们的心能团结起来，并进一步增强。”

与此相配合，还举办了“思考和平的系列讲座”。神奈川县青

① “废除核武器2000”，美国著名的和平团体“核时代和平财团”所推进的争取废除核武器的运动。

年部还进行了“县民关于核意识的调查”。

值此纪念节日，神奈川召开了文化大会，期待新的开始。我在会上发出号召：“让我们继承恩师的遗志，进一步奔向世界，战斗！”

自那以后，一时一刻也未曾停歇，不断地奔走，坚持战斗，才有了今天。

创价学会的和平运动，是“立正安国”① 所表明的佛法的和平理念和积极参与社会的理所当然的结果。

《立正安国论》② 中有一段有名的话说得很明确：“失国灭家，又将遁世何处？须知，汝欲求一身安堵，必先祷四表之静谧。”③

正确的宗教不是叫人梦想理想国而忘记现实的课题，不是叫人脱离日常生活去冥想甜美的世界，不祈祷“四表之静谧”，不采取行动，就不能获得自己和他人的“安堵”。

更重要的是，我们的和平运动为什么能扩大到世界，并能持续不断开展下去呢——

当时反对原子弹氢弹运动的高涨，确实令人瞠目而视。作为唯一的被原子弹轰炸的国家，这是理所当然的。但是，虽然一时得到广泛的支持，但后来在很多情况下变成政治斗争的工具，遭到分裂的悲惨命运，逐渐失去发展的势头。

与此形成对照，创价学会的和平运动始终顽强地坚持，逐渐向世界扩大，从未脱离民众。

这是因为它始终立足于“人生的师生”关系之上。因为拥有人

---

① 立正安国，建立正法、使国家安定的意思。

② 《立正安国论》，1260 年 7 月日莲写给当时的最高统治者北条时赖的意见书。意思就是要立正法，使国家安定。认为当时接连不断袭击日本的大地震和天灾，以及饥馑、瘟疫的蔓延，其原因都是由于重用了排除正法的僧侣及教义，主张要归依正法。并预言如不采用正法，国内还将有政变和造反，遭到他国的侵略。后来发生了二月暴动（1272 年）和蒙古人侵（1274 年），人们认为是应验了日莲的预言。

③ 四表之静谧，四表为东西南北四方。静谧为社会安稳、治安良好，即天下太平的意思。

生之师这一绝不动摇的基轴，所以未曾左右摇摆，也未陷入自我中心。

运动的动机贯彻于师生之间，因而丝毫未曾流于利害关系或沽名钓誉。只要坚持立足于与恩师相同的精神，道路就不会变，就会永远坚持下去。

恩师在神奈川地方发表《禁止原子弹氢弹宣言》，绝不是偶然的。从过去来说，神奈川曾是弘教发展的地方，人们认为《圣教新闻》的创刊号（1951 年 4 月 20 日）是“在鹤见燃起圣火”。

从最近来说，1979 年我自己辞去会长以后，就在神奈川地方高举佛法正义的大旗，开始了勇猛的战斗。在四面楚歌中，我的脑海里有着严师的身影。耳朵里始终有恩师的鼓励。

无私的献身和真诚的行动

在辞去会长前夕的 1979 年 2 月，我访问了印度。

印度是个精神大国。古代它产生了佛法的源流，近代又向世界展示了甘地的非暴力的光辉。

在那次访印中，有一段难以忘记的回忆。那是在我和纳拉扬先生在比哈尔邦首府巴特那的先生家中会谈之后。纳拉扬先生是甘地的高足，被人们称为“印度的良心”。

当时我站在恒河河畔。已是傍晚时分。西边的天空高悬着一轮皎洁的圆月。

白天那轮好像要把一切都烧尽的灼热的太阳已经西沉。月亮伴随着一股冷气出现了，好像要让市街的喧闹宁静下去。

恒河的水黑压压地在暮色中流动。满月的月光洒在河面上，好似流动着一层薄薄的朱红。月亮一进入云层，模糊了圆圆的轮廓，发出朦胧的光辉，更加诱人进入幻想世界。

那天是 2 月 11 日，正好是户田先生的生日。

恩师曾经吟过这样的短诗：“欲观云中月，赠日亚洲民。”恩师想着在动乱中哭泣的亚洲民众，一心希望佛法西还①。

自古以来，印度认为月光和白檀的香气可以消除暑热。由此加以敷衍，认为还可以抑制人的欲望和怒火。月光是“智慧”、“真理”的象征。释尊成道的那天晚上也是满月。

月亮在梵语中叫“沙辛”。意思是“有沙沙（兔子）的东西”。印度有一个关于兔子和月亮的寓言。

说有一次，有一个人快要饿死了。动物们可怜他，都捕来了猎物，施给他食物。

但是，兔子没有可施给的食物。于是跳进燃烧着的火中，想让那个人吃掉自己。

兔子的行动感动了神，决定请兔子升天，永住在月亮里。

月亮是无私献身的象征，也是真诚的象征。无私的献身必定会扑灭憎恶之火，唤醒人们的良心。

同时这使我再一次感到，带来了今天佛法流布的发展，是由于尊贵的佛子们——同志们的无私献身和真诚的言行。

幻想的“核威慑理论”

距今大约三十年前，我经常把相机对准着月亮。我的摄影历史是从拍摄月亮开始的。——我心里想，这月亮一定正照着那些参加完活动、走夜路回家的会员们，于是按下了快门。多么令人怀念啊！

月亮静静地从天上警告人类：“扑灭愚蠢的欲望之火吧！”

释尊要消除人们的欲望和憎恶心。著名的佛教诗人马特利恰泰用诗的语言形容释尊的话说：“如同月降甘露②。”

多年以后，印度首屈一指的法华经研究家罗凯修·钱德拉博士在和我的会谈中说：“甘露是‘软实力’。”

---

① 佛法西还，佛教产生于印度，东传到中亚、中国和日本等国（佛法东渐）。到末法时代，日莲圣僧的佛法由东向西传播。

② 甘露，在古代印度的传说中，认为是神的饮料。比喻释尊的教义。

他还说："池田先生让法华经的内在的天空开花，通过与地球上杰出的有识之士的对话，降下'甘露雨'。"

现代早已丧失了使人们真正苏醒、滋润心田的"甘露"。

释尊成道之地菩提伽耶，在花城巴特那的近郊。

佛传中记载着要阻止释尊成道的魔企图用各种武器进行威胁。所谓魔，也可以称之为自己心中的"负面的生命"。不过，释尊胜利了，成为"人类的教师"。这就是有名的"降魔成道"①。

佛法上写道："魔战败，与手下败走。战胜愚痴与情欲的大圣人成为胜者。此时，月满中天，如嫣然少女。"（马鸣《佛所行赞》）

如果说月亮的形象是"高洁的献身"，那么，太阳的形象恐怕就是"强大的活力"。

很不好意思，谈一些个人私事。户田先生是我的恩师，也可以说像父亲。我和妻子结婚时，恩师吟了诗句"如旭日东升，辉映佳夫妇"，祝贺我们前途幸福。又赠给妻子这样的诗句："如月光般温柔，又有妙法的坚强。"这是户田先生对妻子的教诲。

长子博正出生时，我正在先生那里。他非常高兴，在自己用的扇子上写下"喜生贵子，春月正当空"诗句送给我。那天正好是 4 月 28 日，天上柔和地挂着朦胧的春月。我的人生的岁月里，总有月亮作种种的装点。

在广岛、长崎原子弹爆炸受害者当中，不少人成了学会的会员，也有很多人看到佛法的和平思想和现实的运动的发展，而来敲创价学会的门。

一问每个人的过去经历，大家好像都是志愿为了佛法流布而出生到这世上似的。

户田先生经常教导大家说，人生是一幕剧，每个人都不外是自愿出生在现在的境遇中，根据自己的立场来证实佛法、推进佛法流

① 降魔成道，降魔是驱除恶魔，成道是开悟成佛。

布的地涌菩萨①。他说："根本就没有什么'患病菩萨'、'贫穷菩萨'，大家都是地涌菩萨。"呵呵大笑着跳入平民之中，平易近人地鼓励大家。有缘而生于佛法流布的大家庭，并肩战斗的不可思议的同志……由于有他们孜孜不倦的献身，今天日莲圣僧的佛法才得以传播到全世界。我要赞扬这些同志们高尚的人生历史。这才是我的人生记录中必须要首先记载的。

印度的圣雄甘地相信"人的精神比原子弹强大"。他尖锐地指出："从原子弹带来的最大的悲剧中得出的教训是，就像暴力不能用对抗性的暴力来扫除一样，原子弹也不能用原子弹的对抗来消灭。人类只有通过非暴力来摆脱暴力。憎恶只有通过爱来克服。"（《神之子》1946年7月7日）

甘地的呐喊与户田先生以及前面提到的鲍林博士的主张有相通之处。"核威慑理论"不过是一种幻想。

《禁止原子弹氢弹宣言》的卓越性，是主张要与盘踞在人的生命中的魔性作斗争。克服魔性不分当政者和民众，是众人自身的课题。对这种人性革命的挑战，就是发挥最大的"软实力"。

让"佛法西还"成为现实

有名的《谏晓八幡抄》② 中有这样的话："月自西向东，月氏佛法东流之相；日出自东，日本佛法还归月氏之瑞相也。"户田先生特别喜欢这段话，经常在论文中引用。

它也成为佛法流布的伟大的领导者坚定信心的源泉。

所以，我作为弟子，为了使这段话变成现实，在世界各地不停地奔走。

在月氏国印度，现在也有许多地涌菩萨在活跃。确实是"佛法

---

① 地涌菩萨，法华经中所说的菩萨。协助释尊说法，发誓在释尊灭后用法华经弘教。因有无数的菩萨从大地涌出，故称地涌菩萨。

② 《谏晓八幡抄》，日莲的遗文。日莲在遗文中预言，正如释尊的教义传播到东方，日莲的教义将由日本传播到西方。（见创价学会版《日莲圣僧宝书全集》）

西还了”。

距新德里南边60公里处，“印度创价菩提树园”也开园了。由于会员献身的劳动，菩提树园已日渐完备，讲堂的建设将在明年（2000年）完成。

在这座菩提树园内，种植了牧口、户田两位先生的菩提树，以及各国和日本各县各区的菩提树。它们沐浴着充足的阳光，向着未来伸展枝干。

佛典中所说的菩提树，和日本的椴木科的菩提树不同，属无花果科。根如榕树一般发达，具有钻穿粉碎岩石的生命力。

据说这种树枝叶向四面扩展，形成绿阴，防止暑热的阳光照射。修行者在这里深思冥想，旅人在这里休息。

这种菩提树大多独自耸立，不群生。前面提到的释尊成道之地菩提伽耶，也有参天的菩提树，形成广阔的树荫。但却是一棵大树。

但是，菩提树园里是许多棵树成群栽种的，一齐竟向高空成长。据说人们评价颇佳，认为这是“思想的转变”。

法华经等各种佛典都说菩提树是用七宝装饰的宝树，庄严佛国土。

法华经的寿量品中说：“众生见劫尽，大火所烧时，我此土安稳，天人常充满，园林诸堂阁，种种宝庄严，宝树多华果，众生所游乐。”

另外，日莲圣僧的《御义口传》中说：“大火者，地狱界也。”也可以说这就是地球在核武器的大火中毁灭的情景吧！

继承《禁止原子弹氢弹宣言》的遗训的年轻的一代团结起来，消灭核武器的大火，全世界的人们都能大声谈笑——这样的日子什么时候才能到来呢?!“佛国土”——建设它正是我们的愿望。它只在坚持不懈的实践的远方闪闪发光。

“生命有限不可惜，所愿惟佛国。”——恩师逝世那年的5月3日，我在本部大会上发表了“七钟”的设想，呼吁开始新的前进。当时拜读、一起铭记的是宝书（日莲遗文集）中的一节。

现在印度的菩提树园里还在响着建设讲堂的钟声。正如经文“园林诸堂阁”（一般认为法华经所说的佛的世界里，有园、有林和各种堂阁——编辑注）所说的那样，很快就会出现“众生所游乐”（理解为众生游乐之场所——编辑注）的园林。

这只能说是佛法流布世界的大“瑞相”（象征征兆的意思——编辑注）。

法国大革命与浪漫主义展

乍一看，是一张平淡无奇的褪了色的印刷品。它长约 2 米，宽约 1 米左右。用现在的话说，像一张招贴画那么大小。上面竖写着两行文字。

这张印刷品在历史上曾掀起滔天的巨浪。

仔细看下去，它好像有着历经数世纪沧桑的厚重。也许是心理的作用，连文字也好像在跃动。

法国大革命的时候，高声讴歌革命理想的《人权宣言》，就是以这样的形式张贴在巴黎的街头巷尾。人们成群结队地朗读这篇宣言，异口同声地发出共鸣的声音。

这张印刷品好似要传出面对新的大门的人们的兴奋与民众的跃动。历史的齿轮在这时开始转动了。

在东京富士美术馆于 1987 年 10 月举办的“法国大革命与浪漫主义展”上，这篇宣言书曾被提供给人们广泛观览。

《人权宣言》的精神光芒多么耀眼炫目啊！

法国女思想家西蒙娜・薇依说：“许多不是法国人的人，都希望成为法国人。因为在这个（革命）时代，只要是法国人，就是一个拥有主权的国民。”（《西蒙娜・薇依著作集》，山崎庸一郎译，春

秋社出版）

那个时代的法国，对于同样在压制下遭受虐待的各国民众来说，是令人向往的国家。

历史学家米歇莱在《法国革命史》（后藤达雄、后藤喜久雄译，日本评论社出版）一书的结论中说："在这段历史中，从第一页到最后一页，只有一个英雄，那就是民众。"

震撼了旧体制的法国大革命，无疑宣告了近代的开始，构筑了通向现代的人权精神的骨架。值此大放异彩的大革命两百周年之际，法国政府在国内外举办了各种正式活动。

作为这种正式纪念活动的第一号，就是举办上述的展览会。

在举办展览会之前——这一年的 5 月至 6 月，我访问了法国。目的是为了会见出借贵重的资料和艺术品的各界人士，向他们表示感谢，以期展览能办得十全十美。

和许多人士见了面，充分了解到他们举国在准备大革命两百周年的各项活动，感受到了他们都非常认真和热情。

希拉克总理（后任总统）兼任巴黎市长，所以特别热心。他曾多次访日，作为亲日派的总理而广为人知。他还是个相扑迷，曾为相扑的巴黎巡回演出尽过力。这次会面时，我幽默地跟他说："这次很遗憾，力士没有一起来。"他立即喜笑颜开。

在坦率的交谈中，他爽块地答应对"法国大革命与浪漫主义展"给予协助，对进一步发展文化交流表示赞同。

由于法国各界的全面协助，法国各地的 19 个美术馆为展览会提供了作品。作品的数量也大大地超过了当初的预定，多达 165 件。

浪漫主义美术展尽管日本过去也曾举办过，但以这样的规模，并把与法国大革命相关的大作汇聚一堂，据说这样的策划还是头一次。

绘画作品网罗了新古典主义的达维特、普吕东到浪漫主义的德拉克鲁瓦、热里柯。描绘的人物，罗列了马拉、丹东、罗伯斯庇尔乃至拿破仑、塔列兰等活跃于法国大革命时期的风云人物的肖像。

还有著名的达维特《网球场上的誓言》等当时的画家们在热血沸腾的感动中描绘的许多作品，在日本几乎全都是首次正式展出。

《网球场上的誓言》描绘了大革命期间一个历史性的瞬间，即1789年6月，人们宣誓不制定法国宪法就不解散国民会议的情景。它超越了时间，把站在桌子上高声呼吁的米拉波、罗伯斯庇尔等人的激情传给了人们。由于国王关闭了凡尔赛宫，议会迅速转移到附近的网球场上召开。

在展览会召开时举行的特别鉴赏会上，来宾们发表的意见说：

“这样充实的展览，我看用国家的力量恐怕也无法办到。”

“有些让人回顾法国大革命历史的‘资料展’的感觉。”

“有机会能亲眼看到《人权宣言》的实物，太激动了。心都怦怦地跳。”

赞颂民众的艺术

在思考“法国大革命与艺术”这个问题时，不可忽视的是，艺术本身就是人权斗争的表现。

优秀的艺术本来就是可以称之为全人类精神的珍宝，是把人们的心升华为更加高尚的精神的动力。

可是，在人类的历史上，这样的艺术是有限的特权人物的独占物，是权力的象征，是为王公贵族们的荣光服务的，是为了装饰教会和寺庙的宗教权威的。

它有时也会成为征服者掠夺的对象。以前纳粹的掌权人物争先恐后地掠夺占领地区的美术品、艺术品，变为私人收藏。这是有名的史实。

总之，在大多情况下，艺术并没有对众人开放，更谈不上“为民众所有”。

但是，法国大革命时期的艺术品情况如何呢？它洋溢着从压抑中解放出来，获得人的尊严的民众的喜悦。它不是为统治者服务而描绘的，是从不由得不赞颂民众、赞颂人的心情中产生的。

法国大革命在艺术的世界里也可以说是一场大革命。

艺术有一种凝聚力。它具有一种能把人与人联结起来，使人们领悟到作为人的共同基础的普遍性。全世界的人们要互相尊重、互相分享、互相学习各种各样的生活方式和传统文化，创造一个人本主义的世界。这也是人权得到尊重和保障的世界。

与此相反，压制人权的人厌恶，不，憎恶艺术、文化。而且企图把本应具有普遍性的艺术硬塞进自己的国家或民族的狭窄的框框，排斥他人的艺术，把自己和他人分割开来。

臭名昭著的事例如纳粹焚书。纳粹还对犹太艺术家的作品等贴上颓废艺术的标签，加以镇压。

艺术会通过人的精神解放，启发人类普遍的人权意识。它是这样一股伟大的力量。独裁者是不能容忍这样自由飞翔的。

团结是善，分裂是恶。而宗教的目的本来就是把人与人团结起来，产生善的价值。

所以，历史上优秀的艺术、文化的根底都有一种生气蓬勃的信仰。优秀的宗教必定能使艺术、文化的花朵绽开。

美学家路奈·尤伊古先生对这次浪漫主义展也曾鼎力相助。他在和我的对谈集《黑夜寻求黎明》中大意说过这样的话：

“艺术与宗教在提高自身、使人转向‘一个实在’的功能是共同的。”

随之要与人的精神对话，加以推动，从内部来解放人。要通过这样的尝试，使其获得人的尊严和具有普遍性的人权意识——在这一意义上，宗教与艺术是由同样深度的层面成立的。

法国大革命的意义

关于被称作“大革命”的法国革命的意义，今天人们还从各种角度在谈论。

有这样一个小插曲。

旧友基辛格博士（原美国国务卿）曾经请中国的周恩来总理评价法国大革命。

据说周总理这样回答说："现在评价，还为时过早。"

从中国几千年的历史来看，对两百年的时间段来作评价，也许太短了。因为中国是这样一个国家——对《三国演义》中约两千年前三国兴亡的历史，人们至今仍如昨天发生的事情那样，在互相议论。说起来，从人的五体上流过的时间感觉是不一样的。

何况周总理是用长远的眼光来看待大中国的建设。可以说，只有周总理才会说出这样坦率而又真实的话。

不论什么事情和变革，如果不用长远的眼光来看，是不会明白它的真正价值的。

尽管层次不同，但我们的运动也是立足于争取广阔未来的视野之上的长期的、根本性的革命。

户田（城圣，创价学会第二任会长）先生说过："不是两百年之后，是不会明白学会的运动的真正价值。"对我们的运动作真正的评价，还需要很长的岁月，才会光辉闪耀。而且我们自身必须要始终着眼于万年后的历史审判，不断地前进。

法国大革命的意义，特别是《人权宣言》所讴歌的"自由、平等、博爱"的理念，在提高人权意识和发扬民主主义上，无疑是起了很大的作用。

但是，有光的地方就有影。

正因为对自己国家的历史感到自豪吧，这一年我在法国遇到的人们，大多认真地关注其"影"的部分。

革命成功了。但是，打倒旧权力变成了围绕新权力的悲惨的斗争。接着又刮起恐怖政治的风暴。

无秩序统治的世界，陷入疑神疑鬼之中，背叛横行。旧的宗教被否定，但没有替代它的新道德。颓废之极的人心，不知何时结束的阴惨的对立与抗争。不相信任何人的世道，憎恶与告密，恐怖与清洗。……

在革命的美名下，流了大量的血，牺牲者多达数十万人。南特市是与巴黎齐名的法国大革命的另一个中心城市。流经该市的卢瓦尔河，据说每天都有一两百人陈尸其中，因此被人们称为国民浴场。

本来应该是为了民众、为了人的革命，不知不觉竟变成了对人权的压制，让民众战栗，使人性窒息的惨剧。也是一场“欲善反成恶”的悲剧典型。

不仅是两百年前的当时，进入本世纪后第三世界各国的独立运动，以及保护社会弱者的人权运动，也都高举并呐喊“自由、平等、博爱”的理想。

但是，现实的状况怎样呢？在讴歌正义、人权的口号下，多少革命刻写下涂上鲜血的历史。正如“爱国心是坏人们最后的藏身之所”这句箴言表明的那样，利用民众纯洁的热情来满足自己权力欲之辈，是不会绝迹的。

人类怎样克服这样的循环呢？——

1987 年 1 月，我和法国大革命、人权宣言两百周年纪念委员会主席米歇尔·巴鲁万先生在东京进行了会谈。我不能忘记他那时意义深远的谈话。他说：

“法国大革命的理想是‘自由、平等、博爱’。但是，现在我认为，其顺序应当是‘博爱、自由、平等’。因为有了博爱，才会产生自由和平等。”

我认为确实是这样。在法国大革命中，如果真正确立了博爱的理念，也许能避免以革命的名义进行的恐怖活动。

不过，这种博爱，不能是仅仅停留于一国的国民或有限的社会阶层那样所谓装装门面的博爱。

在与巴鲁万主席的对话中，我所讲的是使博爱具有内涵，从生命的深层建立的、佛法的慈悲精神。

让慈悲的精神成为社会的基调

初期的佛典上有这样的话：

“不论是什么生物，是弱的，还是强的，是长的，大的，还是中等的，短的，是微细的，还是粗大的，是肉眼可以看到的，还是看不到的，是远的，还是近的，是已经诞生的，还是将要诞生的，愿一切众生幸福。”

“如同母亲豁出性命保护独生子似的，对一切生物都应当发无限的慈悲心。”（《经集》）

佛教所主张的慈悲，并不只是简单地停留于人与人之间的友爱。它是主张一切众生的生命的尊严的。从这一意义上来说，佛教从其开始阶段就打下了人权这一根本的基础。

日莲圣僧也说过：“日莲如慈悲宏大，南无妙法莲华经可流布万年以上之未来。”

佛法广大无边的大慈悲是不会差别对待的。它既无限定，也无例外。它是对尚未见过面的人、尚未出生的人也祈求幸福的心和责任感。

“虽说是‘自由’、‘平等’，但只有慈悲的精神在现实中成为社会的基调，才可能实现的。”——我这么跟巴鲁万主席一说，他深表同感。

革命的理想与现实、光与影——法国大革命两百周年，既是对宏伟的历史的总决算，同时也是向新的未来前进的开始。展望其未来时，恐怕可以说法国大革命的“自由、平等、博爱”的理念也是直接争取实现佛法的普遍理念吧。

和巴鲁万先生在东京会见 19 天后，不料他竟在非洲的喀麦隆死去。原因是飞机失事。

6月访问巴黎时，我去看望了他的夫人和公子，一同去参拜了他的墓地。浪漫主义展开幕那天，在美术馆的庭园里，我为他栽了一棵樱花树。

后来，我在献给先生的一首诗中这样写道：

一生邂逅一次的，
不可思议的缘！
每当春天来临，
我祈祷花开烂漫，馥郁芬芳。
啊，您不断追求人类精神的启发。
为了给法国大革命的指标“自由”、“平等”、“博爱”
赋予新的生命，
您四处追寻，不停地奔走！
巴鲁万先生啊，
我也要带着您的遗志，
在全世界驰骋，
为了新的世纪，
不，为了人类的未来。

人权是争取来的

美国的独立革命、法国大革命等市民革命、社会主义革命或者产业革命、信息革命等——在打开近代大门的过程中，世界上发生了各种各样的革命。但是，各种革命在争取真正的人的尊严上，都有其局限性。而且这些革命都带来了重大的教训。就是说，为了社会的健全发展，仅凭构筑近代的思潮和社会制度的变革是不够的。

这里有着一切从人出发、最后又回归到人的“人性革命”的重要性。

雨果早在1876年就曾主张：“本世纪的法国大革命已经结束了，应当着手进行人性革命了。”

安德烈·莫洛瓦曾大声呼吁：“最深刻的革命是精神的革命。精神的革命会变革人，这样的人接着会变革世界。”

他还说："人们说真正的革命只是一个人的革命。更准确地说，只有一个人——尽管他是英雄，是圣人——也能为大众提供一个榜样。模仿这个榜样，会把地球翻转过来。"（《开始就有行动》，大冢幸男译，岩波新书）

比任何革命都更为根本的革命，是人性革命的运动。人类现在正应该进行人性革命。日莲圣僧的遗文中说："要以一人为榜样。"如果能以一个人发展到两个人、两个人发展到三个人的方式，来显示伟大的人性革命的榜样，民众能持续进行下去，世界就会发生变化。这也是贯穿小说《人性革命》的主题。

在人类历史上曾经尝试过的任何革命，今天都显示出其局限性。可以说现在已经进入了全人类都盼待我们人性革命运动的光芒的时代。

总之，为了人权这一人类普遍的目标，过去无数的先人流血流汗，对种种的考验进行了挑战。

日莲圣僧一生都与盘踞在政治、宗教中的权力的魔性战斗，始终坚持非暴力斗争。他的一生本身就是伟大的人权斗争的轨迹。

在他伟大的斗争所产生的圣训中，照亮人类未来的人权思想，宛若满天星斗在闪闪发光。

现在拜读其部分内容——

"生于王土，身虽从之，心不应从之。"

这段名言收录于联合国教科文组织编纂的《人的权利　语录》（日语版为桑原武夫监译，平凡社出版）。这是正处于封建时代当中，勇气凛然的"思想、信仰自由"的宣言。

还可拜读到"（日莲）乃贱民之子"（反歧视）以及"但唯有法华经主张女人成佛"，这是女性的人权宣言。

圣僧说："王以民为父母，民以食为天。"表明了民主主义。还说："有生命之物，为一切财中之第一财。"这些话表明了生命的绝对尊严。……

从这些简洁的金玉良言中也可以理解，日莲圣僧的佛法之光正普照人世，并且广泛地包含着当今世界最尖端的人权思想。

最重要的是，日莲圣僧用其一生所表明的一点——那就是“人权并不是坐等别人赐给的，而是自己站起来争取得来的”。这是自不待言的。

保护民众，和民众在一起

因为在与日莲圣僧直接关联的佛法的正道上前进，我们创价学会在历史上也经常与权力的魔性进行激烈的斗争。

战争期间，牧口（常三郎，创价学会首任会长）先生死于狱中。户田先生也被关进监狱。战后学会正式的前进，可以说都是从历代会长豁出身家性命的人权斗争开始的。

即将到来的 7 月 3 日，是户田先生的出狱纪念日。1957 年的这一天，我也由于权力的阴谋而被捕入狱。大阪府警察署出示的逮捕令是晚上 7 点。想不到竟和恩师的出狱是同月同日的同一时刻。

嫌疑是违反公职选举法——在选举中唆使挨户访问的嫌疑。这本是无中生有的冤案，没有任何物证就逮捕了我。

拘留长达 15 天。在警察署的杂物房里几天，在拘留所两铺席大小的单身牢房里十余天。审讯是严酷的，拍着桌子进行恫吓。有时还戴着手铐审讯。从大阪地方检察院的主楼戴着手铐徒步走到相隔数分钟距离的附属楼。在附属楼没怎么很好地审讯，又立即被带回主楼。让我戴着手铐在中之岛的行人中来回行走。这可不是一般的侵犯人权。

当时的学会在社会上正逐渐显示其作为一大民众势力的存在。对于既成势力来说，肯定已把学会的成长看做是巨大的威胁。

所谓权力，本来就对可能威胁自身存在的事物，哪怕是极为微小的动向，也会敏感地作出反应。权力的魔性会用魔性特有的敏锐直觉来察觉敌人。

这一年的7月3日，我从北海道（我为解决煤矿工会问题①而去北海道的）匆忙乘飞机去大阪。途中因换机而在羽田降落。很不好意思，恩师竟在那里。先生紧搂着我说："如果你要有什么，我也伏在你身上，一块儿去死。"

后来才知道，我被捕后，恩师每隔两个小时就给关西本部打一次电话，仔细询问情况。有时电话铃声隔十分钟就响一次。据说有的人不太清楚情况，回答不上来，恩师就严厉地斥责他。

据说，恩师用颤抖的声音说："对不起，骂你了。我心疼这个弟子。如果可能，我真想去代替他。那种地方，没进去过的人是不知道的。"真是太难得的恩师啊！

既然是冤案，所以不管审讯多么严酷，我也只好坚决忍受。于是，当局卑劣地放话说："要搜查学会本部！""也要逮捕户田！"

那时已是恩师逝世的前一年。我比谁都清楚，恩师的身体已经非常衰弱。因此，尽管是莫须有的罪名，我不得不同意审讯记录，决定一切由审判决定。

我在当时的日记上这样写道：

"这次检察官的审讯，是极大的阴谋诡计。愤怒之情涌上心头。我们一定要创造一个真理会获得胜利的时代。我要明确地记下事实。"

7月17日我获释的时候，恩师站在中之岛的大阪市中央公会堂前，对着热爱的关西同志们大声喊道：

"不战斗，正义就会失败。学会是正义的，不会失败的。一定要取得胜利，所以要战斗。狮子能怒吼，所以是狮子。"

审判长达四年半。恩师逝世后，周围的人多次恳请我就任第三任会长，但我还是有些犹豫。原因之一就是审判还没有结论。如果

① 煤矿工会问题，1957年6月，北海道夕张煤矿工会企图"排除创价学会会员"，开始镇压有组织的学会会员。

作为会长被判有罪，我个人还好说，但对学会的发展，显然会成为很大的障碍。我当了会长以后，仍然经常祈祷。

大阪地方检察院的判决公审是1962年1月25日。无需多说，判决是无罪。听到“被告人池田大作无罪”的判决主文，不由得感慨万分。

——因为是我，才能这样地战斗。很多市民对不正当的权力无可奈何，一直遭受折磨。这种情况在战前肯定会更多。绝不能让这样的悲剧重演。我下定了决心，一辈子要保护受不正当权力折磨的民众，和民众一起前进。

我一直遵守那天的誓言，大声呼吁正义，为正义进行了斗争。我要与压制民众的邪恶斗争到底。一辈子持续不断地进行斗争，将是我的人生记录。

今年（1999年）5月，我和纽约市立大学昆斯分校的校长塞苏穆兹先生、副校长沙巴尼先生进行了会谈。会谈的前一天，两位先生访问了与日莲圣僧有关系的位于镰仓龙口的SGI（国际创价学会）的教学会馆。因此，权力的迫害成了会谈的话题。当时校长这么说：

“池田会长是完全的和平主义者。但是，‘战斗的和平主义者’必定会遭到迫害。”

“圣雄甘地和马丁·路德·金（美国民权运动领袖）都是如此。他们是完全的和平主义者。但是，他们的运动并不是与社会的现状相融合的‘和平的’运动。也就是说，是要从根本上改变社会的运动。”

“几乎所有的社会都是适应当权者的需要而构成的。所以，进行真正有价值的、意义深远的活动的人，都会成为当权者的威胁。因而要受到迫害。”

他认为，权力的迫害是战斗的和平主义的证明。

我认为，真正的人权的世纪、和平的世纪，是通过与权力不断的斗争而争取到的。

冷战结束后不久，争取世界和平的潮流似乎加快了速度。但是，现实情况如何呢？遗憾的是，片面的国家主义、民族主义和人种歧视已在世界各地抬头。

正因为是这样的现代，所以人们才殷切地盼望立足于以慈悲、生命尊严等为基础的佛法思想的人权斗争。

法国大革命争取人性解放。至今大地上仍然充满着追求这种解放的呼声。所以我们要高举人本主义的三色旗，向 21 世纪的人权世纪前进。民众的每个人都要向身边的人们，从生命的深处大声呼吁永不褪色的人权宣言。

迎来花甲之年

志气是精神的营养。

丧失了理想，人就会失去深度。

释尊说："全力以赴地活一天，比怠惰、没气力地活百年有价值。"

日莲圣僧鼓励人们说："极乐百年修行，不及秽土一日功德。"还说："活到一百二十岁玷污名声而死，不如存活一天而扬名重要。"

我和"经营之神"松下幸之助先生见过几次面，也一起出过对谈集。听说先生决心要活到 120 岁。

据说他曾跟身边的人说过："和中国的邓小平先生会面的时候，邓先生鼓励我说：'松下幸先生还只活了天命的一半，人生才刚刚开始。'中国把天赐的寿命称为天命，是 160 岁。算一算，我还可活 80 年。"

松下先生继续说道：

"我生来体弱多病，必须要减去一成。另外，比常人加倍地工作，还要再减去一成。这样一来，就剩下 128 岁了。世上的事不可能完全像计算的那样，把风险也算进去，我想能活到 120 岁。不，一定要活到 120 岁给大家看。”

先生是 94 岁享尽了天年。我认为，这正如他公开宣布的那样，是活过了相当于 120 岁的密度极高的一生。

松下先生逝世的前一年（1988 年），我迎来了花甲之年。他给我寄来了真诚的贺词：

“衷心地祝贺您迎来健康的 60 岁诞辰。先生的身心都洋溢着年轻的活力，令人很难想到已是花甲之年。希望以今天为契机，把它看做是开始真正的活跃的时机的到来，以再创一个创价学会的气魄，更加健康地，为世界和平以及人类的繁荣、幸福而尽力和活跃。”

先生已经高龄，仍然一步也不后退。气宇轩昂地坚定生活到最后——感谢这样的人生老前辈赐语勉励，我一定要以实际行动回报。

全力以赴地度过每一天

圣雄甘地给世人留下了显示人的不屈精神的非暴力思想。有位记者要求他“给美国人、特别是非洲裔的美国人说几句话”。甘地的回答是：“我的人生本身就是要说的话。”

甘地 61 岁的时候，勇敢地进行了历史上著名的“公盐行军”。斗争一直持续到他 78 岁去世的那一瞬间。

要在现实中干什么？干过了什么？怎样生活过来的？将要怎样生活？——这些事实正是要说的最重要的话。

1988 年 1 月 2 日——我 60 岁了。也就是迎来了花甲。恩师户田城圣（创价学会第二任会长）先生逝世已经 30 年了。

恩师是 1958 年逝世的。我在恩师的下面朝夕接受熏陶十余年。看一看当时的照片，痛切地感到当时我只是凭着气力在活着。

和恩师一起度过的岁月的三倍时间已经过去了。我 30 岁时与恩师诀别。所以对于我的人生来说，60 岁为其一倍。

户田先生常跟我说："把我的命换给你!""你要坚定地活下去!"我认为我的寿命是恩师赐给的。

回想起来，我就任第三任会长的 1960 年 2 月 11 日，在日记上这样写道：

"今天是户田先生的生日。如果还健在的话，该是 60 岁了。是花甲之年了。我和妻子如同先生的儿女，在一起谈起这些事。"

在我的青春时期，荣誉、财产、奖赏一切都不需要，一心只是在恩师的身边，为了世间、为了他人，献身于佛法流布，没有丝毫后悔，不断地进行斗争。恩师逝世后，三十几岁、四十几岁、五十几岁，都是在疾风骇浪中不停地前进。

光阴飞快。迎来花甲之年后，又快要过去 12 年的岁月了。用干支的说法，就是快过一轮干支了。到 2000 年我就 72 岁了。医生曾经说过我活不到 30 岁。妻子比任何人都清楚我的身体状况，而且一直为我的身体操心。近来她高兴地跟我说："现在是你最健康的时候。"看一看结婚当初的照片，我消瘦得和现在判若两人，不禁想起了往昔。

释尊也是从 72 岁开始宣讲出世本愿的法华经。自那以后到入灭的八年期间，一直为宣讲和弘扬这部佛教中最高论说而坚持斗争。我作为一个佛教徒，也发誓今后要以更大的气魄，为世人、为佛法尽最大努力。

我的寿命观的基准

所谓花甲（日语中称为"还历"——译者），是表示干支 60 年轮回一次，再回到出生那年的干支。据说有的地方还保留着旧有的习惯，到了 60 岁，称作"迎来了花甲"，穿着红坎肩，以示祝贺。红色表示"赤子（婴儿）"，意味着再一次重新再生。

日莲圣僧1222年（日本贞应元年）2月诞生，1282年（日本弘安5年）10月入灭。按照现在的算法，正好活到了花甲。因此，过了花甲，还可一年又一年地不断增加年岁。这真是值得庆幸的长寿的人生。——这是我的寿命观的一项基准。

许多人把年长者称作“银色年岁”，即“熏银年纪”。

但是，这样的词总令人感到有一种寂寞的味道。如果用季节来比喻，则飘溢着一种冬天的氛围。不如改称为“金色年岁”，即“黄金年纪”，用季节来比喻，可以理解为“收获、结实的金秋”。据说也有这样的说法，我也赞同。

迎来这样的时期而能认真地生活的人，谁都有资格成为人生的博士。希望他们能加强决心，用悠然自在的力量，坚定地生活每一天，用痛苦过、烦恼过、战斗过的经验这一无名的品位来装饰自己。

《圣教新闻》上连载“谈《第三人生》”的时候，一位80岁的老人寄来了一条手巾。手巾上印染着作为长寿的心得体会而广为人知的箴言。这些箴言闪耀着平民的智慧与幽默的光辉。

——人世的旅途多是山中的坡道

　　迎来60岁的年龄——

还历（60岁）（以下名词均为日语原文——译者注）

　　算不了什么，赶回去！

古稀①（70岁）

　　还早着呢，不用管它。

喜寿②（77岁）

① 古稀，70岁。来源于中国诗人杜甫的诗句，“人生七十古来稀”。
② 喜寿，77岁。来源于“喜”字的草书“㐂”，读“七十七”。

别着急！老来乐刚开始。

伞寿①（80 岁）

什么都还中用。

米寿②（88 岁）

再吃些大米饭吧。

卒寿③（90 岁）

年龄上还没有毕业呢。

白寿④（99 岁）

等到了庆祝百岁大寿吧。

茶寿⑤（108 岁）

茶还没喝够呢。

皇寿⑥（111 岁）

这就让一让吧，已经日本第一了。

牧口（常三郎，创价学会首任会长）先生年近花甲时遇上了日莲圣僧的佛法。热情沸腾地写下当时的激动：

“以语言难以形容的欢喜，几乎使 60 年来的活法焕然一新了。在黑暗中摸索的不安一扫而光，生来的畏缩不前没有了，生活目的越来越远大，恐惧的情绪越来越少。”

洋溢着年轻的挑战的活力，简直可以说是“花甲青年”。

有位哲学家说过：“一个人如果没有忘记‘开始’的真正意义，那么，年老就是美好的。”确实如此，牧口先生是“使 60 年来的活法焕然一新”，“开始”了新的人生。

---

① 伞寿，80 岁。来源于“傘”字的简体字“仐”，读“八十”。

② 米寿，88 岁。来源于将“米”字分解，变成“八十八”。

③ 卒寿，90 岁。来源于“卒”字的异体字“卆”，读“九十”。

④ 白寿，99 岁。来源于“百”字减去“一”，变成“白”。

⑤ 茶寿，108 岁。从“茶”字构成来看，上面是“艹”（二十），下面是“余”（八十八），合在一起为 108。

⑥ 皇寿，111 岁。来源于“皇”字是“白”（“百”减去“一”为“九十九”）加“一”加“十一”，合在一起为 111。

于是，在年近花甲的59岁时创立了创价教育学会。从那以后，在创价的旗帜下，献身于正法流布，面对军部权力的镇压也毫不畏惧。73岁时死于狱中。创价的灵魂和壮志，是通过牧口先生和户田先生晚年的拼死斗争建立起来的。

牧口先生70岁时创办了机关报《价值创造》。70岁以后两年期间，出席座谈会超过240次。户田先生谈到牧口先生入狱前的样子说："三个月没见，发现又有了三个月的进步。"确实是"年纪轻"。

回忆起我会见过的世界有识之士中年逾90仍然积极活跃的许多先生——甘地的嫡系弟子、印度的潘德博士91岁，巴西的人权斗士阿塔伊德总裁94岁，两次获得诺贝尔奖，美国的鲍林博士活到94岁。他们的人生都经历了不屈不挠的伟大斗争。

中国的巴金先生年逾90仍说："我要点燃我的笔，燃烧我自己。"仍然果敢地活跃。哈佛大学名誉教授、世界著名的经济学家加尔布雷斯博士即将91岁，仍然精力充沛，写出了新的著作。他说："我相信，人越是上了年纪，越应当学习。"给我留下深刻的印象。

"加勒比海的宝石"多米尼加前总统巴拉盖尔先生今年（1999年）9月将92岁，仍像青年一样燃烧着"无私的热情"。

怎样活着

佛教本来就关注生死这一根本问题，追求怎样活着，怎样才能度过充实的人生。所谓世界宗教，其出发点恐怕就是立足于死，探求怎样活。为了直到死的那一瞬间，都燃烧着理想，怀抱着大志，勇敢地坚持活下去，所以才有宗教。

大约一年前，放映了一部关于"佛陀（释尊）"的纪录片。其中一个场面谈到孟加拉的吉大港市近郊的一个村子。说这个村子在某种意义上还"保留"着两千几百年前释尊时代的佛教。

有个老妇人已死在床上，家里人叫来出家人。出家人对老妇人的家人和朋友们说："请大家都回忆一下这个妇人以前做过的善行，让大家都知道，记在心里。……"每个人都谈了这位老婆婆令人怀念的往事。受过照顾的人，得到鼓励的人，一个接一个地谈出自己的回忆。并不是人死了之后，僧人来做佛事。

释尊本来就经常深入到活着的人们当中去。释尊死后，出家的弟子遵守师父的教导，不参与葬礼，继续修行，没与送葬直接发生关系。

据说参与这个节目制作的一位大学老师，后来给他研究生院时期的同学、学会的会员打电话说："关于佛陀，越学越知道创价学会的正确。希望学会能坚持下去，佛陀一定很高兴的。"

佛教的目的，是为了到生的最后一瞬间，都要使人生感到充实和满足。而这样"宣扬生的意义的宗教"传入日本，很快就堕落成了葬礼佛教。

袈裟据说已成为葬礼佛教在仪式上用的装饰服。其实，所谓袈裟本来是从印度的语言"kashaya"来的，在中国音译为"袈裟"。"kashaya"是"脏布"的意思。

那是释尊时代最受歧视的被称为"贱民"的人们穿的粗布衣。日莲圣僧公开声称自己是"贱民之子"，坚持拯救民众的斗争。

年轻的释尊脱去王子的衣服，穿上贫穷的人们的布衣。也就是说，袈裟是与贫穷的人们、苦恼的人们分担痛苦、共生的象征，根本没有也不可能有"法衣的权威"。

"耳顺"这个词的重要性

说到60岁，就会想起孔子所说的"耳顺"这个词。《论语》里有句话叫"六十耳顺"。孔子分析自己经历过的人生说："到了60岁，任何人的意见都会侧耳倾听。"

顺便说一下，人们都知道"四十不惑"。它表示对自己的方向深信不疑，丝毫不迷惑。还有五十岁"知命"，表明已觉悟到天赋给自己的使命。

我的恩师户田城圣先生曾因军部权力的镇压而入狱。他在狱中熟读法华经，终于悟达。这时先生45岁，大声说道："我比他（孔子）晚5年不惑，但比他早5年知天命。"

“耳顺”就是能侧耳倾听别人的话。这是很难的。就一个人的境界来说，或者人生经历的深浅来说，善于听别人的意见，都是非常重要的。我自己就经常提醒自己要善于听他人的讲话。

一般来说，年岁大了，就会固执自身的经验，顽固不化，不能通融。正是在这样的时期，越是需要运用丰富的人生智慧，灵活地倾听他人的意见。我也到了这样的年岁，感到自己也能更好地听别人的话了。

经典上有个词叫“怨嫉”。它是弘扬正法的巨大障碍。“怨”是“怨恨”的意思，“嫉”是指“嫉妒”。中国的妙乐大师曾一语道破说：“闻之不喜者为嫉。”道出了充耳不闻正确教导的可怕性。

经文还教导我们，我们的生命是极为珍贵的宝塔。装饰我们生命的七种宝贝称为“七宝”。也即是“闻”、“信”、“戒”、“定”、“进”、“舍”、“惭”七种法宝。在这七种宝贝中，“闻”也是位居第一。广义地说，它指出了倾听他人意见的重要性。尤其是能听取正确批评自己的人的意见，是会很好地进步的。

每天都向新的希望出发

人自古以来都一直在追求长生不老。但得到的回答是什么呢？据说释尊决心向人们宣说其教义时，这么说：“不死之门打开了！”

那么，这个“不死”是什么意思呢？当然不是按字面解释的长生不老，可以活无限的岁月。

让我们列举一些佛典关于“不老”、“不死”的叙述：

“国王车辇，多么华丽，亦会枯朽。身体亦会渐渐老去。然善人之德不会老。”（《真理的话、感兴的话》，中村元译，《岩波文库》）

“多达数百万男女，积蓄财产，最后屈服于死的力量。”

“积蓄再多财产，最后也会丧失殆尽。再高的地位身份，亦会

陨落。……生命终将死去。”（同上）

执著于华丽的生活、财产、身份、地位等终究会枯朽之事物，其生命亦会随之枯朽。

永恒、不老、不死的生命，是在追求不朽事物的人生态度中跃动。问题是希望什么，追求什么。要留下不朽的历史——为此而追求不朽的事物、永恒的事物吧！活在永恒中吧！活在佛法流布的永恒的希望中吧！

活在正确伟大的佛法中的人，可以历经生生死死的永恒，活在极其充实的辉煌的历史中。

“战胜恶魔及其走卒，成为到达生死彼岸之人吧！”（同上）

佛被称为“胜利者”。佛法就是一场胜败之战。不老不死的生命，是在战胜恶魔的坚强的心中跃动。人是由于战斗而不怕死。

“勤奋努力是不死的境界。懈怠懒惰是死的业绩。勤奋努力之人不死，懈怠懒惰之人常死。”（同上）

输给自己软弱的心、希望懒惰的心，衰老就会悄悄地袭来。释尊断言这“与死无异”。

“很少学习的人如牛一般老去。其肉虽增，但其智慧未增。”（同上）

我每天都全力以赴地执笔写作。由于年轻时读书，获益匪浅。首先是受户田先生的熏陶，成为我最大的支柱。

另一方面，也阅读了许多诗集和新书。希望和大家一起，尽量吸收世上的睿智；愿意和大家一起，满怀希望坚定地生活下去。怀着这样的想法，正向与有识之士的对话进行挑战。

总之，每天都要向着新的希望出发。太阳啊，升起吧！

今天我也要为佛法流布而行动。

世界的冲绳人

迎来花甲之后，我一刻也未停歇，以更大的决心开辟佛法流布的大道。

1988 年 1 月，从日本出发，历时 20 天，依次访问了香港、泰国、马来西亚和新加坡。回国的途中，2 月访问了阔别了五年的冲绳。

这里在太平洋战争中曾是唯一的地面作战的战场，是被“钢铁的暴风”改变了山河形状的地方。还有残酷的统治琉球的历史也不能忽视。

一定要使最受苦的地方变得最幸福——为此要不惜付出一切努力。我深信这是佛法指导人的任务。

我一直带着这样的想法来拜访冲绳。但是，冲绳的人，冲绳的大自然都有一种可以消除悲惨和哀叹的明朗，洗涤人们的心灵。

冲绳有很深的文化的襟怀，
有包容一切的母亲般的温暖。

15 世纪以后，琉球国的中山王形式上是由中国皇帝任命的，称之为“册封”。由首里的王府迎来中国明朝的使节“册封使”举行仪式。据说当时重要的关键词是“迎恩”。

在迎接重要的使节的时候，使用这个词。“迎接恩情”的地方，令人感到好像有一颗冲绳的心。

所以，不是使用武力，而是以歌舞乐曲之类的文化的力量来款待渡海而来的多达数百人的册封使。左边对着复原后的首里城正殿的北殿，就是以前接待册封使的建筑物。

王府官员家中的壁龛里，装饰的不是刀，而是冲绳特有的三弦。这可以说是“文化王国”。

“迎恩”以后作为迎接客人时的一种礼节，为广大的平民所接受。这种心灵的传统培育了冲绳文化，成为一种冲绳精神，直到今天仍为人们所继承。真不愧是“守礼之邦”。

访问冲绳的人会感到一种说不出的温暖，其原因就在这里吧。冲绳人心地善良、关怀体贴是大家公认的。

冲绳人常说：“chimu gurusan”。“chimu”是心、肝的意思，“gurusan”是痛苦的意思。它不是单方面说人可怜，或站在上面说有“怜悯之情”，而且指站在同一立场上，分担痛苦的那种同苦之心。冲绳是充满着“关爱体贴”的社会。

还有一个词叫“mō ashibi”。“mō”是“毛”、“草原”的意思。顺便说一句，冲绳研修道场附近有一个叫“万座毛”的地方。意思是能坐下万人的草原。“ashibi”是“游戏”的意思。草原上既无篱笆，也无隔板，谁来都可以，都热烈欢迎。一起唱歌，一起跳舞。

说是“游戏”，但不是追求个人快乐的那种享乐的、刹那间的游乐。那种游乐往往是排斥他人的。不是这样的游乐，而是使他人高兴、自己也因之而快乐的佛法所说的“众生所游乐”。冲绳的人们天生具有这种与佛法相通的精神。

确实是“喜为自他共喜之事”，“自他共有智慧、慈悲谓之喜”。

愿自己与他人共同幸福

“uchinā”是冲绳的意思，“uchinānchu”就是冲绳人的意思。把日本称作“yamato（大和）”，说“yamato nchu”就是日本人的意思。这样的区别当然不是由于歧视，而是“uchinōnchu”含有要振奋自己为广大的人们效劳的意思。

它不是牧口先生当作日本狭隘的精神风土而不断抨击的岛国劣根性。冲绳不是岛国，而是作为海洋的国度，心胸完全对外敞开的土地。

这样的冲绳人移居海外后所表现出来的那种对环境的适应能力、面对困难的顽强斗志以及互相帮助的精神等，与冲绳社会的特征并不是没有关系的。

在世界各地活跃的冲绳的移民们、即所谓的“世界的冲绳人”——他们一面享受着各种文化的多样性，另一方面又没有丧失冲绳文化的精髓。他们知道文化的差异所带来的丰富多彩，所以在生活中非常重视自己的冲绳文化。

各地都唱着冲绳的岛歌，跳着冲绳的卡察西舞。卡察西舞和巴西的桑巴舞一样，一瞬间就能把人们团结到一起。人们按着人生的四季节令而歌唱，超越国界和民族，不断扩大欢乐的圈子。

在南美以及世界各地，冲绳人不仅对自己的同胞，对所在国家的任何人，只要有什么困难、苦恼，立即弹起冲绳的三弦，用冲绳语唱起岛歌，给予鼓励。大家手拉手，站起身，一起歌唱。

即使语言不通，真心还是相通的。这不是把自己国家的文化强加于人，可以说是通过自己国家的文化为人类的贡献吧。

不舍弃自己拥有的文化传统，而且还要为他人而用。冲绳人具有这种愿“自己与他人共同幸福”的特性。我认为这是不忘本，而且可以使自己融入世界各地。

在第二次世界大战中，冲绳实际牺牲了四分之一的县民。在战后的收容所里，曾把从瓦砾堆中捡拾来的冲绳陶瓷器的碎片、烧焦的“红型”（冲绳盛产的一种印花布）的破烂布片，陈列在简陋的小板房里展览。来观看的人连日络绎不绝，拥挤不堪。人们为了生存下去，拼命地寻求自身依之立足的文化上的同一性（identity），同时又寻求为世界做贡献的心。

要说冲绳的菜肴，有著名的名叫“chanpurū”的杂烩，是把各种一般材料放在一起来炒或烩，主要的材料有面条、豆腐、冲绳苦瓜等。而且是家常菜风味，有妈妈做的菜的味道。它是把各种材料混合在一起，发挥各种材料的味道，做成一种菜肴。

冲绳的文化“杂烩”中，既有日本的材料，也有中国的材料，还有朝鲜半岛的材料。另外还有美国、拉丁美洲和欧洲的材料。这一切和冲绳交织在一起，浑然形成一体，奏出和谐的曲调。

在“杂烩之心”的深层，有着希望款待他人，以他人的高兴为自己的高兴，分担他人痛苦的冲绳之心。这种心宛如初夏的太阳光辉夺目。

访问秘鲁的回忆

说到冲绳的海外移民，我的心中有一张令人怀念的、已变成深棕色的照片。那是 1974 年 3 月我和妻子第二次访问秘鲁时拍摄的。当时我们到处去鼓励学会会员，在秘鲁会馆参加了两对夫妇的集体婚礼。

其中的一对，年轻的新郎在冲绳时是学会男子部班长，一年前来到秘鲁，在食品公司工作。新娘是秘鲁女子部部长。另一对是秘鲁会馆的事务长和女子部副本部长。四个人都是冲绳出身移民秘鲁的第一代、第二代、第三代。我在首都利马逗留期间，四个人全力负责接待，协助开展各项活动。

四分之一世纪前的秘鲁访问，留下了许多难以忘怀的回忆。

在超过三十多度的烈日下的户外，与两千名会员一起拍了纪念合影。我给每个人送上饮料，真心诚意地激励了他们。大概是出了汗，又喝了过多的冷饮，加上积累了疲劳，到了逗留期间的后半期，我开始发烧，身体垮了。

以冲绳出身自豪的秘鲁的岸本理事长，紧绷着他那张温和的面孔，不停地劝我注意身体，改变日程。

我不顾这些，访问了南美最古老的圣马尔科斯大学，与盖巴拉校长等人进行了教育会谈。校长夫妇了解我身体不适，特意到我下榻的地方来看望我。据说他现在已年逾九十，仍然精神矍铄、身体壮健。我从没有忘记他对我的真情厚谊。

另外，还有一个可爱的小女孩，她刚入会不久，跟随妈妈一起来看我。据说，她说自己什么也没有，但想把一个印加人的小偶人送给我，于是就用她那红彤彤的小手紧握着小偶人来了。那是一个铅做的素朴的小偶人。

我当即站起来，在我的一本著作上题了字："为幸福的女王祈祷！"送给了小女孩。

信仰是属于心的世界。对于心的问题必须用心来回应。

户田（城圣，创价学会第二任会长）先生经常说："要为会员效劳尽力。他们虽然贫穷，受人轻视，遭到嘲笑，还要筹措交通费，拼命为弘教而四处奔走。我们要像敬佛一样敬重这样的会员。学会如果能有彻底为会员服务、富有魅力的领导，就会不断地发展，在佛法流布的道路上大步前进。"

关于集体婚礼。刚才提到的那四个人原来预定是在我结束秘鲁访问之后举行婚礼。但现在他们提出了恳切的愿望，说婚礼如改在我逗留期间举行，我能参加，他们将无比高兴。

这些青年都肩负着秘鲁未来的重任，应当给他们的前途送上一些祝福。我们夫妇正是怀着这样的心情，高兴地参加了在秘鲁会馆举行的结婚典礼。

做了纪念会馆开馆仪式的勤行、唱题之后，接着就是祝福新郎新娘走上新的人生旅途的祈祷。介绍人是岸本理事长夫妇。我主持了新郎新娘喝交杯酒的仪式。

结婚蛋糕做成载运幸福的白天鹅的样子。我和妻子一心祝愿青年们茁壮成长。

秘鲁的佛法流布的业绩显著，甚至作为利马市正式的公共活动，举办了有利马市长出席的盛大的文化节。我拜访了利马市政府，作为“特别名誉市民”，授予了我该市的钥匙。为了将来的秘鲁，为了创造会员们便于活动的环境，我按照日程的安排，全力以赴地参加了各种活动。

因此，文化节的舞台连同安第斯山的名曲《神鹰飞翔》，成了我毕生难忘的心灵的名画。

在逗留期间，妻子注意到岸本理事长总穿着同一套西服。我们痛切地感受到岸本夫妇节衣缩食，把一切献给佛法流布的尊贵的心情。

找了一个机会，我和岸本理事长等人，在市内一条名叫米拉弗洛雷斯（Miraflores）的很时尚的街上一边散步一边交谈。我悄悄地送了他一套西服。……

在世界各地活跃的冲绳的友人

自那以后过去了 25 年的岁月。今年（1999 年）4 月，秘鲁的名门国立大学费德里克·比娅雷阿尔大学代表团一行来到日本，授予了我名誉博士称号。在与代表团一行会谈时，秘鲁 SGI（国际创价学会）的卡尔洛斯·岛理事长、阿尔贝尔特·末吉主任副理事长都在座。

这位主任副理事长就是当年的新郎。那时他是移民来秘鲁一年的冲绳青年。当时任女子部长的新娘安赫莉佳·末吉，现在已是秘鲁 SGI 妇女部长。

另一对夫妻中，当时任会馆事务长的范·金城先生现在是该会馆的副理事长。夫人金城菊子是支部妇女部副部长。

参加婚礼的鼓励虽小，但四个人都立下了争取进步的誓言，进行了新的战斗。现在果然作为承担秘鲁重任的核心力量，积极协助岛理事长，大力开展工作。

另外，当时我鼓励她要成为“幸福的女王”的小女孩，已当上了教师，不久幸福地结了婚。丈夫也是教师，一起在教育界活跃。

听说她在利马市内担任支部长和妇女部长，精神百倍地工作。对于我来说，再没有比听到这些情况更高兴的事了。

末吉先生自1978年在日本驻秘鲁大使馆工作以来，到今年（1999年）已是第22个年头了。在1996年武装组织占领日本驻秘鲁大使馆事件中，作为人质被拘禁了六天，我祈祷他平安无事。据说秘鲁所有的同志都全身心地为他祈祷。自这次事件以后，末吉先生也发誓要进一步为秘鲁社会的繁荣作贡献。

令人难忘的是1981年岸本理事长的逝世，他在弥留之际，带着十分满足的表情说出下面的话，传到我这里："一直支撑我的，除了血和骨外，唯有希望秘鲁人们幸福的心情了。"

从岸本先生的决心中，可以如实地看到冲绳人所具有的深刻的心，以及一旦决定下来的道路就坚定走到底的顽强意志。为他人鞠躬尽瘁、推进佛法流布的崇高精神，正是我们的骄傲。

在全世界，尤其在南美各地，来自冲绳的移民的活跃非常突出。在我们的SGI中，冲绳出身的干部的贡献也十分卓越。

如智利的知念理事长、玻利维亚的神谷理事长、巴西的中岛妇女部长（旧姓波名城）……多得简直像灿烂的群星。

在秘鲁，今年（1999年）5月，举行了盛大的日本移民一百周年纪念典礼。日裔第二代藤森总统等要人参加了典礼。秘鲁SGI八百人受到庆典委员会的邀请，参加了典礼第一部分的演出。

演出的开头，是SGI女子（青年女性）部演出的冲绳的丰收舞"玛蜜德玛"。这是由当地完全不了解冲绳的人们齐心协力表演的。可以看出冲绳人在秘鲁社会中占据多么重要的地位。接着表演了安第斯的丰收舞。这种人和大地绝妙的融合引起了雷鸣般的掌声。

在巴西，去年（1998年）6月，在卡多佐总统的参加下，举行了日本移民90周年庆典。受庆典委员会的邀请，我的长子博正（SGI副会长）代替我出席了庆典。巴西的青年部在这里也展示了强有力的演技。

在玻利维亚，今年6月，在班塞尔总统的参加下举行了庆典。玻利维亚SGI通过音乐队、笛鼓队的演奏，表示了祝贺。

在南美各地，冲绳人作为优秀的市民，并没有停留于日裔社会，而是在为各国社会作贡献。他们已经悠然地超越了狭隘的国家主义和民族主义。

“冲绳县移民之父”当山久三的气魄

冲绳人为什么能在全世界通行无阻呢?

用冲绳创价学会的核心人物三盛洲洋总长的话来说，那就是因为冲绳人的DNA中本来就带有文化的国际性。

说起来，冲绳的先人们乘着一种称作“沙巴尼”的小船，勇敢地划向大海，纵横自如，一直到达爪哇、苏门答腊，早就建立了一个交易圈。进入15世纪的大航海时代，葡萄牙和西班牙结束了这个大交易时代。但是，对于冲绳人来说，大海仍然不是阻挡前进的“墙壁”，而是打开未知世界大门的“道路”。

“尼拉伊·卡奈伊”① ——是这种认为幸福是来自大海彼方的思想，培育了不惧怕外面世界的心吧。

从历史上来看，冲绳的海外移民要追溯到被人们称为“县移民之父”的当山久三。

明治政府在冲绳保存了江户时代的旧习。人们在琉球王府和萨摩藩统治下挣扎的生活，只是形式上有所改变，实质上依然如旧。世界罕见的恶法“人头税”还仍然保留着。地税改正迟于本土36年才付诸实施。长期不实行众议院议员选举。冲绳人民连发表意见的机会也一直受到剥夺。

不景气的浪涛无情地袭来。不用说大米，连可吃的番薯也没有。人们用如不很好地蒸煮就会危及性命的铁树籽来充饥。真是世

---

① 尼拉伊·卡奈伊，冲绳有一种世界观，认为在大海的彼方或海底、地底，有一个叫“尼拉伊·卡奈伊”的世界，神常从那里来访人的世界和村落，给人们带来幸福。

上所说的“铁树地狱”。

当山在自由民权运动遭受挫折之后，作为拯救冲绳窘困的现实办法，对移民燃起了热情，把自己出身地金武村等地的26名村民作为最初的移民团，让他们去了夏威夷。

他自己也在四年后带领第二批移民，渡海去了夏威夷。他考察了现状，这样抒发自己的气魄：

啊，去吧！
我们的家，
是五大洲，
一片真诚，
奠定金武世界的基石。

多么气魄宏伟的诗啊！事实上冲绳的移民都十分诚实地辛勤劳动。一百年前就建立了今天在世界活跃的基石。

有位冲绳的朋友。他的祖父是从金武村去夏威夷的第二批移民。据他说，把砍倒的甘蔗放在肩上扛运是一种重劳动，他祖父的右耳朵整个被向下压弯了。就是要这样拼命地劳动。

冲绳自古以来就有互助互济的组织。在甘蔗收割期或插秧时等农忙时期，以地缘、血缘关系组成小组，轮流到农户家中一起共同劳动。这种劳动交换的传统，在向世界各地移民之后，仍然通过同乡会继承了下来。在海外炎热的大地上一边挥锄劳动，同时依靠互助互济、分担劳苦，渡过难关。

这当然不是单纯的形式，冲绳的人们亲身体会到互助精神的重要性。

台风经常袭来。在大自然的猛威面前，田地一下子就遭到灭顶之灾。暴风雨退去，张牙舞爪的大海又复归平静，眼前是一片无边无际的平静，丰饶的大海给人们带来无穷无尽的海产品。

只要耐心地挺住，互助互济，终究会渡过难关——只有抱着这样乐观主义的态度，才能迎来明天。这是一种绝不绝望的顽强。冲绳人具有这样的顽强。

现在移民已经百年。在巴西，有8万冲绳人，约占日裔人口的一成。在秘鲁，冲绳人4万5千人，远远超过日裔人口的半数。在阿根廷，约3万日裔人口中的七成，是冲绳出生的。

作为世界公民而活着的“冲绳之心”

冲绳人在移民地战胜了严酷的考验。他们的“自立自强”克服了看似令人绝望的困难，在各地绽开了勤勉与努力的实证之花。冲绳人首先有着“作为人的坚强”。

尽管没有特别的后盾和地位，但每个人出于自身的体验，都毫不妥协地不断呼喊和平的宝贵。战前，冲绳的小学里禁止使用冲绳的方言。发现有人使用，就加以惩罚，在人的脖子上挂着一块写着方言的牌子。可耻的过去让人自己蔑视自己。由于有着这样的经历，他们奋不顾身地站起来维护人权。他们不依赖任何人，本能地不容许无端的歧视。……

佛法流布在这里得以扎实地发展，是由于进一步加强每个人自立的基础、培养自立心的佛法精神，与坚强的“冲绳之心”互相共鸣；是由于冲绳人具有平等而锐利的眼力。这种眼力厌恶一时的流行和权威、权力的介入，认准了草根的行动，承认好的就是好的。

当然，在这背后，还有着我冲绳的同志们宝贵的献身。这是自不待言的。

时隔五年访问冲绳，我不断地跟大家说——

法华经宣扬“三变土田”① 的原理。国土的命运会因人而转变。正如《立正安国论》中所说：“国因法而昌，法因人而贵。”

还说：“一切事因国因时而异，佛法应通此理。”

乡土的发展，依靠居住在那里的每个人的上进和活跃。妙法是社会与国土繁荣的根本道路。我希望大家以这样的妙法来磨炼自己，缔造日本第一、世界第一的理想国。

---

① 三变土田，见法华经见宝塔品第十一，说释尊三次变国土为净土。

在海外贸易昌盛时期，悬挂在首里城正殿上的巨钟上铭刻着“为万国之津梁，十方刹充满异产至宝”。

国际交流所带来的至宝，不外是作为世界公民而活着的“冲绳之心”。它承认文化的差异，能在多样性中发现丰富性。

冲绳正是万国的“津梁”——桥梁，负有向世界发送优秀文化、和平思想的伟大使命。21 世纪将是冲绳人日益发挥其真正价值的舞台。

公元 2000 年的八国峰会将在冲绳召开。其主会场的名称定为“万国津梁馆”。

对“人类议会”的建议

吹过摩天大楼的秋风，拂动着哈德逊河的河面。纽约中央公园的杂树林不由得让人想到武藏野的面影。

与这种抒情的气氛相反，围绕在“人类议会”四周的世界各国的国旗，看上去好像有些悲哀。

1960 年 10 月 14 日，这一天我拜访了纽约的联合国总部。这里正好在召开第 15 届联合国大会。我参观了主会场等场所。

令人印象深刻的是，精力旺盛地在大厅和会场里跑来跑去的非洲各国代表的表情。从长期殖民统治下刚刚独立不久的非洲各国，政治、经济、教育、人种问题等各种课题堆积如山。但我看到的大多数领导人都朝气蓬勃，充满着赢得了胜利的骄傲和活力。

在这次大会上，当时的苏联总理赫鲁晓夫在讲坛上挥舞着粗壮的双臂，敲打着桌子，激烈地谴责美国和西方阵营——这样的形象被传播到全世界。西方各国的代表们把这看作是蓄意的挑衅，给予了回应。……

大后年（1962 年 10 月）发生了震撼世界的古巴危机。所谓“解冻”的氛围大变，再次刮起了意识形态对立的寒冷的风暴。各国代表在联合国上大闹特闹。大会主席愤慨地敲着锤子，宣布休会。据说主席因过于愤怒，把锤柄都敲断了。

我访问联合国总部是在赫鲁晓夫总理一行刚回国不久，心中深深地发誓：东西方冷战确实处于一触即发的状态。冷战不知何时会结束，但终究会有结束的一天。不，一定要使之结束。

那时是我第一次海外访问。创价学会尚未引起国际的注目。开展世界规模的运动，还刚刚准备就绪。但是，为了实现这一誓愿，我期望着先要缔造民众的和平势力。

后来，配合 1975 年 1 月 SGI（国际创价学会）的成立，正式开始了支援联合国的活动。

这个月我也访问了联合国总部。目的是为了提交学会青年部征集的“废除核武器一千万人签名簿”。这些签名是在人们遭受原子弹爆炸的体验日益淡忘的情况下征集来的。它数量庞大，把一万人的签名摞在一起，会厚达约 6 公分，把所有的签名堆起来会高达约 66 米。装订成册，多达 1144 册。在联合国将其中的三册亲手递交给了秘书长。

从 1978 年开始，前后共三次向联合国裁军特别大会提交了建议。

特别是 1988 年 6 月召开第三次特别大会时，建议面向 21 世纪，设定“和平与裁军的 10 年”，以制造裁军的时机。并进一步要求各国设置“和平部”，形成世界规模的裁军潮流。

这虽然是站在一个民间人的立场上，但自认为该说的话还是说了，声援了联合国对裁军所作的努力。

自从作为一个参观者拜访联合国总部以来，经历了几多星霜，联合国方面终于也开始重视超越国家利益层次、追求人类利益的非政府组织了，联合国的首脑也逐渐真诚地倾听民间人士的建议了。

我自身就与历届联合国秘书长多次进行过对话。

第五届秘书长德奎利亚尔先生，紧闭着双唇的嘴角，流露出古代武士般的风格。他是一个很有教养的人。1990 年 11 月，我们在东京会面时，我跟他说："想给您消除一点疲劳。"给他朗诵了他的祖国秘鲁的诗。他立即和我谈论起日本的俳句的美。

第六届秘书长加利先生说："我是看着尼罗河的流水，活了半辈子。"他是个顽强的乐天派。他那总是含笑的明亮的眼睛，也是尼罗河所赐吧。

我和他们两个人都分别会见过四次面。

恩师对联合国的期待

恩师户田城圣（创价学会第二任会长）先生碰巧是在联合国宪章诞生（1945 年 6 月 26 日）的同一时期出狱的（同年 7 月 3 日）。恩师倡导地球民族主义①，痛感到必须要建立超越国家的组织，对联合国抱有很大的期待。他坚定地说过："联合国是 20 世纪睿智的结晶。一定要把这个希望的堡垒保护，培育到下一个世纪。"

日本退出国际联盟、走向战争的过程，恩师全都看在眼里，为了发动战争，首先要推行企图统制思想的治安维持法，致使牧口（常三郎、创价学会首任会长）先生死于狱中。由于这些原因，户田先生对联合国寄予了很大的期待。

我作为佛法弟子，遵循恩师的遗训，一贯站在以联合国为中心的立场上进行活动。以前和我会见过的许多有识之士、领导人物，都有着与我同样的意见。

自称"活了一百个人生"、法国行动的知识分子安德烈·马尔罗先生，他那淡绿的眼睛炯炯发光，尖刻地挖苦"联合国是亡灵的舞台"，但他一直希望联合国能为人类和平发挥作用。

英国的汤因比博士，在五月花盛开的季节，和煦的阳光洒落满地，在他的伦敦奥克伍德球场的家中，博士坐在客厅的沙发上，敲

---

① 地球民族主义，1952 年 2 月，创价学会第二任会长户田城圣在"第一次男女联合青年部研究发表会"上说："如果要说我自己的思想，归根结底就是地球民族主义。"

着坐在他身旁的我的膝盖，斩钉截铁地说："联合国现在也许还有许多不够完善的地方。但是，要争取和平，唯有依靠联合国。为了人类的团结与和谐，只能坚持不懈地支援、培育联合国。"

作为"美苏之间的桥梁"，在全世界东奔西走的美国的哈默博士，他燃烧着年逾 90 的生命的火焰，一直主张东西方缓和紧张关系的必要性和对联合国的期待。在春寒料峭的傍晚，他会像一个俄罗斯人似的开玩笑说："这样的夜晚，真想来一壶俄国的热茶！"有一年初夏，在一次海外访问的途中，他从成田机场包租了一架大型直升飞机，跑来创价大学访问。

通往和平的正道

确实有现实的难题。叹息联合国软弱无力，主张联合国无用论，那是很容易的。但是，不要忘记，联合国是从两次世界大战的悲剧中产生的，是唯一的"人类议会"。

今年（1999 年）6 月，我会见了老友、原联合国副秘书长明石康先生。他是联合国第一个日本籍职员，也是第一个担任联合国副秘书长的日本人。他曾作为联合国驻柬埔寨临时行政机构特别代表而积极活跃。这是大家都知道的。我和他见过多次面。他是个冷静而沉着的典型的秋田人，也是个很有主见的国际人。他根据长达 40 年的亲身经验，强调说：

"联合国的功过，必须要用'特大的尺子'来衡量、评论。"

"没有任何国际机构和国家能够代替联合国处理国际问题。否定联合国就如同仰面而唾，害人不成反害己。"

我拍着大腿说："这正合我意！""特大的尺子"说得妙！事物不能只看眼前，要用长远的眼光来看。打开广阔的视野，可以前进的道路就会自然地显现出来。不论发生什么情况，都要最大限度地拥护和发展联合国。这正是通往和平的正道。

说到对国际社会的贡献，那不是嘴上说说，也不只是经济支援。首先是行动。这也集中表现在对近年来日益高涨的人道支援的重要性的认识上。所以，SGI 事实上一直在开展支援联合国的活动。

例如与联合国共同举办的“核威胁展”，在莫斯科、日内瓦、纽约等世界上 22 个国家 33 个城市展出，约 150 万人观看了展览。

“战争与和平展”在 5 个国家 13 个城市展出，观看的人约 32 万。“现代世界的人权展”在 8 个国家 26 个城市展出，观看的人约 31 万。

另外，还丰富多彩地开展了“核武器——对人类的威胁展”、“环境与开发展”、“世界教科书展”、“世界少年绘画展”、“世界玩具和教育展”、“世界儿童与联合国儿童基金会展”以及“儿童人权展”等展示活动。

1973 年以来，以青年部为中心推进的“救济难民募捐”活动，到今年秋天已达 20 次。派遣由青年部代表组成的难民营调查团，自 1980 年以来，至今年（1999 年）也达到 14 次。其中出现了不少为国际做贡献的人才。

另外还广泛地开展了各种讲演以及出版等宣传活动。去年青年部为要求废除核武器征集了 1300 万人的签名①，并将其提交给联合国。我们对这种事也记忆犹新。

SGI 和创价学会现在已登记为联合国的 NGO（非政府组织）。但其开展的各种活动在海外更广为人知。

我在每年的 1 月 26 日纪念“SGI 日”的提议中，一定把加强联合国的具体的提案和构想包括进去。

所以我一贯呼吁这样的主张：把联合国变成“有‘人的面孔’的联合国”、“民众支持的联合国”。并根据这一宗旨，于 1975 年提议设置“世界市民保护联合国会”。

也就是说，联合国既是国家代表的集会，同时也应该是民众代表的集会。我多年来的主张是，联合国应是“民众呼声能够到达的

---

① 争取废除核武器的签名，1998 年，创价学会青年部支援国际市民运动“废除核武器”，作为该运动的一环，征集了 1300 万人的签名，提交给了联合国总部。

联合国”，“充分发挥民众呼声的联合国”。

关于联合国的财政，这是联合国的根本问题。我一向提倡，可以作为一项改革方案，也接受全世界民众的支援。

不论什么样的理想，如无牢固的财政基础，那就不可能实现。谁都认为这个问题长此下去会成为联合国的危机，但都避而不谈。

因此，是否不仅像现在这样依靠各国政府筹款，也可把“不要求一切回报”作为铁的原则，向一般的企业或团体以及个人募集捐款。我认为，全世界应当共同出谋划策，为财政制订一个切实的计划。

斩断憎恨的连锁

以联合国为中心的国际协作关系正迎来变化的时刻。比如联合国刚成立时，民族自决曾是光辉夺目的理想。可是，这样的民族现在都变成重大问题的导火线，世界各地都发生了民族纠纷。

这就产生了一个疑问，究竟是不是每个民族都建立一个国家就好呢？

正如在旧南斯拉夫的例子中所看到的那样，冷战后的悲剧是随同民族独立的理想一起产生的。也就是说，B民族曾受A民族的统治，B民族作为国家实现了独立，却开始“净化”住在该地区的A民族——这样的例子我们都多次看到过。

这种“憎恨的连锁”必须要在某个环节上把它斩断。当然，受他民族压迫的人们希望获得独立，这是理所当然的。但是，民族独立总是仅把建立国家当作唯一的绝对的目标——这样的悲剧性，恐怕也必须铭记在心。

萨拉热窝也好，科索沃也好，现在民族之间对立激化的地方，自古以来都是如此吗？

我在月刊杂志《潮》上和夏威夷大学的基赫拉尼安教授的对谈中，曾经详细地叙述过，现在民族复杂对立的地区，原来几乎全都是民族多样共存的地区。

旧南斯拉夫出生、获得诺贝尔奖的作家伊沃·安德里奇，曾经这样描写萨拉热窝：

“萨拉热窝的深夜。首先是天主教教堂的时钟重重地敲了两点。约一分钟后，东正教教会有气无力地宣告了两点。过了一会儿，伊斯兰教的清真寺的钟塔用沙哑的声音鸣响了麦加的时间 11 点。犹太教会堂里没有钟楼。犹太人按自己独特的时间生活。”（平凡社《了解东欧事典》）

萨拉热窝是民族对立的象征。但在 10 年前还是民族和谐的象征。

在旧南斯拉夫，据说有这样的史实，伊斯兰教徒把寺院赠送给没有自己教堂的贫穷的天主教徒。另外，据说西班牙的古都科尔多瓦——在以前伊斯兰教徒统治西班牙的时期，这个城市的清真寺是星期五供伊斯兰教徒做礼拜，星期天供基督教徒做礼拜。

人们一般认为，伊斯兰教和基督教好像是不共戴天的仇敌。其实在历史上很长时期并非如此。

平民在“日常生活”中，一向是超越民族差异的壁障，互相支持互相帮助地生活的。

拿联合国的各种支援活动来说，恐怕也是需要使其原来的“日常生活”复兴。一味地从上面灌输所谓的发达国家的逻辑，也许只会扩大社会的偏颇。

任何改革都必须扎根于平民的生活和意识。著名的社会运动家说：

“如果建造一座桥不能丰富在那儿工作的人们的意识，桥就可以不造。市民还像从前那样游泳或坐渡船过河好了。桥不可能从天而降，自己冒出来的。……应该是从市民的肌肉和头脑中产生的。”（弗朗茨·法农《被土地诅咒的人》，三铃书房出版）

平民一面脚踏日常生活的实地，同时进一步提高意识，创造价值——这样的社会恐怕才是通往真正没有战争的社会。今后的国际援助、国际协作，不能忘记重视平民的日常生活的视点。

“要重视心”

我在今年（1999年）的SGI提议中已经稍微谈及过。所谓国家主义，是在对本民族的自我认同感露出破绽时喷涌而出的。日本的现状已被人指责为向国家主义倾斜。经济成长也陷入困境，并随着日本人对自己国家日益丧失信心而正在扩大。

对自己国家没有信心，所以要虚张声势，看不起其他国家。仅仅因为自己国家过去的一些行为事实受到指责，就歇斯底里地企图加以否定——这是真正丧失了信心。自己没有信心的时候，就会产生借藐视他人来维持信心的“胜他之心”（要胜过他人之心——编辑注）和“修罗之心”（轻视他人，只重视自己，一种蔑视和争斗的偏执之心——编辑注）。

诉诸暴力也要打败他人的疯狂心态，不能容许、不愿承认他人比自己优秀的嫉妒心——这些会把人赶进国家主义和法西斯主义。怎样克服这种“胜他之心”和“修罗之心”呢？

作家赫尔曼·布洛霍受过法西斯主义的镇压。他分析法西斯主义的心理，高度评价甘地的思想，认为它可以对抗法西斯主义。他说：

“印度思想会通过其固有的哲学的一贯性，认识胜利的表象占据着现代的疯狂现象的中心位置。”（《群众的心理》，入野田真右等译，法政大学出版社出版）

在法西斯主义的核心，有一种要打败他人的疯狂的“胜利”的心态，有一颗要战胜他人、打败他人、抹杀比自己优秀的他人的嫉妒心。

释迦说过：

“在战场上战胜百万人，不如克服唯一的自我。其实他才是最高的胜利者。”

“克服自我胜于战胜他人。要把经常谨言慎行、调整自我的人所取得的胜利转为失败，神、乾因婆（天上的伎乐神）、恶魔、梵

天都办不到。”（《佛陀的真理的话》，中村元译，岩波文库）

归根结底，是“要重视心”。战胜自己，创造自己也感到自豪的文化，可以说这才是首要的安全保障。

要创造心。为此就要从事维护和平的活动，同时必须从根本上争取创造和平的行动。前面已经说过，在援助的方式上，比起来自上面的援助，我认为必须要重视居住在该地区人们的生活文化的援助。

献身于支援联合国的活动

1987 年联合国对 SGI 赠予了“和平使者”的称号。这是一直献身于支援联合国活动的全体同志的荣誉。

今年（1999 年）8 月 7 日，我被推举为联合国协会世界联合会（WFUNA）的“名誉顾问”。联合会的哈利姆会长、哈帕议长和夏尔马副议长来到日本，为我举行了就任仪式。

联合国协会世界联合会是启发人类对联合国意识的、各国联合国协会的联盟组织。它成立于 1946 年 8 月，是唯一“能够使用联合国标志”的非政府组织。其成员现在已扩大到 86 个国家。

SGI 也于 1997 年正式加盟。作为以各国的联合国协会为主体的该联盟，据说 SGI 的加盟是极其特殊的。

哈利姆会长在仪式上致了贺词。他说：

“这个决定并不是‘把荣誉授给池田博士’，我认为，毋宁说是我们要取得向池田博士与 SGI 丰富多彩的活动学习，共同参加他们的运动的权利。”

我们只有进一步竭尽全力，以支援联合国的事实来回报。

在法国学士院讲演

法国学士院与罗浮宫夹着塞纳河遥遥相对。

罗浮宫是政治力量的象征，学士院是学术力量的代表。

正确地说，罗浮宫曾经是政治力量的象征，应当改为过去式。现在它作为美术馆，不仅有法国的，而且有全世界的光辉灿烂的美的至宝。但是，在巴黎的发祥地西泰岛西边的罗浮宫，位于市中心，过去一直与凡尔赛宫一起，成为政治权力中枢的一角。

这座罗浮宫是在塞纳河的右岸，学士院是在左岸。所谓左岸、右岸，是对着塞纳河的流向来区分的。就巴黎的地图来说，北侧是右岸，南侧是左岸。

希望大家注意的是，法国学士院的位置不在罗浮宫的下方，也不在其一侧，而是在其对岸。在花都巴黎的正中央，隔着悠悠流过巴黎的母亲河塞纳河，政治首府与学术首府遥遥并立。

这表明了法国学士院多么受到重视，占据多么重要的位置。相对于“英国人的不屈性格”、“德国人的遵守纪律”，有的有识之士则强调“法国人的才智”。在这个国家，才智一向具有极大的意义。

拿破仑在远征埃及的时候，在“最高司令官”的头衔前面，自称是“法国学士院会员”。这件事是有名的。他在被选为学士院的物理、数学学术部门的会员时，发表了这样的讲话：

“真正的征服——不会产生任何后悔之念的唯一的征服，就是对无知的征服！”

“光荣的占领——为了国民而作的最有用的占领，就是为扩大人的理念作出贡献！”（马尔蒂编《拿破仑作品集》，若井林一译，读卖新闻社出版。）

法国学士院作为学术的殿堂，作为法国乃至欧洲的思想文化最高权威之一，作为精神界的中枢，刻写了光荣与悠久传统的岁月。这里有高雅的洗练的文化的源泉。为了法国能继续为法国，它是向美、学术与艺术发起过永无止境的挑战的“学术的堡垒”。

渊源可以追溯到路易十三的时代。据说在铁腕宰相黎塞留的领导下，于1635年创设了法兰西学院。以后到了路易十四时代，创立了科学学院、艺术学院等，总称为皇家学院。

在法国大革命中，皇家学院被解体。拿破仑将其改编为法国学士院。议长席的背后，装饰着手持月桂树冠的拿破仑像。法国学士院是1795年创立的，但可了解，其学术与艺术的传统，还可再向前追溯一个半多世纪。

现在的法国学士院由五个学院构成。

法兰西学院是最古老的学院，会员四十人，是终身制。这个学院的门上刻着“追求不朽”的字样，所以会员被人们尊称为“不朽的四十人”。入选为法兰西学院的会员，对法国国民来说，被认为是最高的荣誉。现已去世的美学家路奈·尤伊古先生就曾是这“不朽的四十人”之一。他曾多次和我会谈，共同编写过对谈集。

此外还有碑文、文艺学院、科学学院，人文、社会科学学院和艺术学院。只有科学学院的会员是六十六人，其余学院都限于四十名会员。

距今十年前1989年6月14日，我受艺术学院的邀请，在法国学士院作了讲演。讲演的题目是《东西方的艺术与精神性》。

威严雄伟的石造建筑

长达一月有余的访问欧洲四国之旅，即将进入最后的一周。在英国，会见了安妮公主和撒切尔首相。访问了伦敦大学、牛津大学。出席了塔普洛宫廷综合文化中心的东方画廊的开幕式。还出席了第一次SGI（国际创价学会）欧洲总会、纪念英国佛法广布二十八周年代表会议、最高会议，勉励了SGI的会员们。

在首次访问的瑞典，与古斯塔夫国王及卡尔逊首相会见，交谈了和平与环境等问题。出席了在国立东方美术馆举行的“与自然的对话”摄影展的开幕式以及第一次SGI北欧总会。

在法国，与密特朗总统及波埃上院议长会晤，访问了巴黎第五大学，在瑞士出席了联合国难民事务高级专员办事处（UNHCR）授予我“人道奖”的授奖仪式以及瑞士总会。

在法国学士院的讲演，就是在这样紧张的日程中进行的。

6月的巴黎是繁花盛开的季节。这里的冬天是严酷的，所以人们盼待春天的到来。一进入5月，百花一齐开放。到了6月，街角和广场的花坛都披上五彩缤纷的盛装，家家户户院子里的花草也都互相争奇斗艳。

街旁七叶树雪白的“棉帽子”，乘着微风在街头飞舞。舞到狂劲处，仿佛细雪飘飞，飘落在人们的肩上，染白了街道。

花团锦簇的拱廊上，绽开着深红的玫瑰，丰润了人们的心灵，树木青翠葱茏。

在这样美丽的巴黎，我驾车奔驱，顺着塞纳河畔的道路，奔向法国学士院。时间是笼罩在清澄光线中的傍晚。

学士院从罗浮宫迁移到现在的塞纳河左岸是1805年。它是威严雄伟的石造建筑物，是路易十四的宰相马扎然命人建造的。同样出于建造罗浮宫的名建筑家之手。

进入大门，登上石阶，到达入口。艺术学院的秘书长马尔赛·兰德夫斯基先生在爬满绿色常青藤的入口处等着我。我们是初次见面。他面带温厚的笑容，是一位平易近人的绅士。他清澈的双眸中，洋溢着智慧和创作欲望。

他是伟大的作曲家。他曾经说过："我的生存意义是音乐。""作曲就是我的人生。"希望自己首先是个音乐家。不过，他同时也具有发挥优秀的艺术家和贤人们的个性和才能的领导能力。

我的旧友安德烈·马尔罗先生担任文化部长时，兰德夫斯基先生曾受邀指挥法国的音乐振兴，留下了光辉的业绩。和我见面数年后，兰德夫斯基先生当上了统合五个学院的法国学士院的总裁。我给他发去了衷心祝贺的贺电。

令我高兴的是，在法国学士院还和赶来的路奈 ·尤伊古先生夫妇进行了恳谈。

讲演是从下午 5 点在学士院会议大厅进行的。连同翻译在内，预定进行一个小时。

首先由艺术学院的安德烈·杰克曼会长致词。接着兰德夫斯基秘书长致了如下的欢迎词，使我感到很惶恐：

"迎来池田会长，我们感到由衷的喜悦和感谢。"

"推进艺术活动的是精神性的力量。国际创价学会提出的'人性革命'，我理解也是一种排除一切暴力的理念。"

"我们法国学士院，在长约 350 年期间，始终追求博爱和人性，并通过各种艺术，努力使人能始终适应生活的进步与发展。从这一意义上来说，今天能请池田先生就'艺术和精神性'发表高见，我感到非常幸福。”

我以自己作的诗开始讲演，结束又以诗总结。我有很多机会在世界各地的大学和研究机构作讲演。但以自作的诗开头、又以诗结束的讲演，这次还是首次，以后也未曾有过。在诗的国度作这样的尝试，作为一种精神的挑战，看来已为学院的会员们所接受。

东西方共同的艺术和精神性

关于讲演的内容——

我指出所谓艺术，自古以来就是人的精神性必然的流露，一方面结晶为各种具体的“形式”，同时在那里自然地表现为一个“完全的整体”。并跃动着一种希求，希望进一步与宇宙的“完全的整体”一体化。但是，它在近代丧失了与宇宙、自然的“结合力”，使得生命力衰弱了。

接着，谈到佛教的“缘起”①、“空”② 的思想，并就法华经所阐明的生命的自在、无边的活力作了叙述。我认为人类通过普遍的“创造性生命”的成果，可以带来人的内在的变革和艺术的苏生。我说，这与被人们称为20世纪法国最伟大的诗人保罗·瓦勒里的“精神联盟”以及安德烈·马尔罗的“精神革命”所追求的目标如出一辙。它会成为使艺术及人的一切活动活性化的源泉。

会议厅的拱顶很高。四面墙壁上排列着高乃依、莫里哀、拉辛和拉封丹等法国代表性的作家、艺术家和学者等的雕像。色调并不华丽，严肃地散发着树木气质的墙壁上，凸现出白色的雕像。

稳重大方的褐色木桌上，铺着深绿色天鹅绒。木椅子上也同样罩着深绿色天鹅绒。

---

① 缘起，意思是“因缘而发生”。佛教认为，一切事物皆因事物的“因”和“缘”而产生。

② 空，意思是一切现象均无固定的实体。为发展缘起的法理，特别是大乘佛教论述的核心思想之一。

虽然朴素而无刻意装饰，但渗透出来的格调，却营造了一个舒适的严肃的学术性空间。既无重新装饰的必要，也无华丽装饰的必要。在思考学问、才智和艺术时，有一种剥去表象、只求本质的氛围。

不管怎么说，欧洲的佛教观，其静止的虚无的小乘佛教的概念很强烈。我痛感到有必要改变这种对佛教的静止的表象，告知活在现代的佛教的存在。

法国的哲学家柏格森不是在“永恒的相之下”，而是在“持续的相之下”来理解一切事象，可以说这与大乘佛教的“空”的概念很亲近。我一方面论述了柏格森以及瓦勒里、尤伊古先生等著名的西欧知识分子的见解，同时阐述了大乘佛教的精髓法华经中创造性生命的富有活力的展现。

接着，作为这种生命的欢喜，作为简明表达法华经精髓的话语，我介绍了著名的《大恶大善书》中这样一段话：“虽非迦叶尊者，舞则舞之；虽非舍利弗，跃而舞之。上行菩萨自大地出，是舞而出之者也。”

在法华经的高潮场面，用“舞则舞之”、“跃而舞之”、“舞而出之”这样强有力的、充满生气的艺术形象，来象征从地底涌出无数被呼唤出来的菩萨的状态。那里有着不停脉动的创造性生命的活力。它象征着通过遵循宇宙的根本法则的对人生的深刻探求和对社会作无限贡献而跃动的“欢喜中的大欢喜”。

关于这一点，我想起了在瓦勒里高雅的对话篇《灵魂跳舞》中，苏格拉底凝视着舞女所谈的一段优美的话，我在讲演中也谈到了。

引起各界有识之士极大反响

在一片静寂和紧张中，法国代表性知识分子学院的会员们，认真地倾听着。会议厅的照明只有枝形吊灯和从高高的窗户射进来的自然光，所以每个人的桌上都放着一盏台灯。也有人在不停地记着笔记。

讲演人并不是在高一段的讲坛上讲话。讲话的人和听讲的人的桌子同样高。而且，大概出于重视对话的习惯，每个桌子上都准备了发言用的麦克风。

会场内鸦雀无声，一片肃静。能听到的只有讲演人我的声音和翻译的声音。

我一向在讲演稿上倾注心血，推敲到最后的最后。到真正讲演时，声音的大小，语句的间隔，与翻译的配合，每一项都不能疏忽大意。这是用真刀真枪一决胜负的场所。面对全神贯注来倾听的人，必须要用全副精神来讲。

说实在的，在我进入会场之前，心里还一直在想着，是否根据会场的气氛，也谈一谈“公园的幽会”。因为从法国学士院往南走不远，就是巴黎最美的公园之一卢森堡公园。

在维克多·雨果的长篇小说《悲惨世界》中，少女珂赛特与青年马吕斯经常作决定命运的幽会的地点，就是这个公园。雨果以极其高超的技巧，描绘了两个年轻人心儿怦怦地跳动，盼待着这样的幽会。我年轻的时候，也曾如醉如痴地沉浸在阅读的乐趣中。

我的脑中曾闪过一个念头，是否可以说一说我是以和这两个年轻人的心境相似的心情，一直在期待着到学士院讲演的日子的到来。可是，会场始终笼罩着紧张的气氛，根本插不进这样的幽默。

我吟了这样的诗，结束了讲演：

今天，艺术
用她的手
指引灵魂
前往使心灵祥和的医疗的森林，
　　向宇宙飞翔的想象力的花园，
　　高高耸立的智慧的莲台，
前往地球文明的
　　遥远的地平。

一个小时的讲演结束了。

我用法语说："merci（谢谢）!"

平静的会场内，突然响起雷鸣般经久不息的掌声。人们一个接一个地要与我握手。

兰德夫斯基秘书长表示共鸣说："这是一首伟大的诗，是献给探求生命真髓的艺术，是为了给正在消失、受伤的灵魂带来平安和幸福而献出的艺术。"并给予了过高的评价说："现在的艺术有一种游离于生命和生活的倾向。而池田先生所说的艺术，教导人们必须与宇宙的根源一体化。这让人想起正在迷失的最重要的东西，极富有启发性。"

艺术学院的会员约翰·卡尔德先生欣喜地说："无论在精神上、道德上还是学术上，讲演的内容都非常精彩。对西方文化的掌握非常到位。"

艺术学院会员、作曲家丹尼尔·鲁修说："敏锐地把握住生命、艺术的真髓，表现了艺术的普遍性。"没想到从许多人士那儿获得了"明晰的逻辑"、"佛教的真髓"、"诗一般优美"之类的赞词。

法国社会科学高等研究院赛尔鸠·科尔姆教授，对佛教有很深的造诣。他评价说："关于法华经与艺术生命的关系，是一种全新的观点。"

法国联合国协会的贝洛奈会长说："作为一个重视理性和讨论的西方人，本来是抱着批判的心理来听的，但不禁深深地感动和共鸣了，他对我坚持行动的原则也表示了赞同。"

在法国学士院的讲演，由于许多人士的努力，荣幸地引起极大的反响，获得了极大的成功。

与来自未来的使者对话

法国 SGI 的会员们也对我亲切地关照。阔别了两年的朋友们的成长与活跃，令我刮目相看。

在学士院讲演之前，举行了法国佛法广布 28 周年的纪念集会。以巴黎南郊佩利埃尔·毕伊逊的创价大学欧洲语言研究中心，六个国家千名会员会聚到一起，散开在蓝天下绿树成阴的庭园里。

大人和孩子们高高兴兴地围聚在一起，互相庆贺大家构筑的幸福的集体，朝着美好的明天前进。

少男少女们的演剧和合唱特别精彩。对他们认真热心的表演，我也报以衷心的鼓掌。我走进这些眼睛清纯的孩子们当中，鼓励他们："真可爱啊！好好努力啊！""欢迎你们，太好了！"和孩子们一起拍了纪念照片。身着蓝白色制服的笛鼓队，竭尽全力地演出，他们在这里也是主角。

这些来自未来的孩子们，会飞快地成长。嫩芽生长的速度，是大人的感觉无法赶上的。在嫩芽迅速成长的时期，倾注鼓励的滋养，是多么重要啊！所以，我不论到世界的什么地方，只要有机会，就要与来自未来的使者对话，极力鼓励他们。法国的少男少女们也在茁壮地飞快成长。

和笛鼓队的少女们重逢

1973 年的春天——那时法国的会员还只有一个小小的巴黎会馆。我在去绿色城市伦敦同汤因比博士对谈之前，曾在花都巴黎逗留过。

巴黎近郊苏市的巴黎会馆——在其吹拂着熏风的庭院里，举行了一个小型的文化节。30 名 5 岁到 20 岁的法国笛鼓队员，给我们演奏了进行曲《雷神》。

大家唱了笛鼓队喜欢的《雅各兄弟》（*Frere Jacques*）。在一片"再唱一遍"的喊声中，我也学会了这支短小的法语歌。歌的旋律在日本也是大家都熟悉的。歌词的内容是这样："雅各弟弟哟！还在睡觉吗？还在睡觉吗？敲响早晨的钟吧！敲响早晨的钟吧！叮当咚！叮当咚！"

“你们知道吗，这是说大家都在苦恼中沉睡，我们要用佛法的钟声把他们叫醒。”——我给大家这么说。

这个笛鼓队的少女们也经历了 15 年的岁月，早已长成一副飒爽英姿。她们理解我在法国学士院的讲演，并为之高兴，向自己的使命在挑战。她们每个人都丰富和加深了各自的人生经验，在各地活跃。再没有比看到凤雏茁壮成长、幸福飞舞的情景更令人感到高兴的了。

讲演之后，举行了真挚诚恳的招待酒会，与众多的来宾互致寒暄，告别了学士院。车子穿过巴黎六区的街道，向巴黎南郊驶去。法国学士院所在的六区，确实不愧是文化学府所在的街区。顺便说一句，相邻的五区是以索尔本大学（巴黎大学）为中心形成的文教地区。

这个六区，有以圣日耳曼德·普雷广场为中心的街道，有古老美好的巴黎、文化的巴黎和美术的巴黎。哲学、思想专业书籍的出版社云集。很多知识分子喜爱这种沉着安静的学究式的气氛而迁居到这里。这里有存在主义之父萨特和波伏娃谈论哲学、人生的花神咖啡馆、双偶咖啡馆等著名的咖啡馆，是年轻的学者和艺术家经常来聚会的地方。

我在舒畅的疲劳中怀念这些精神的交往。

图书在版编目（CIP）数据

走在大道上——我的人生记录（第二卷）/［日］池田大作著；卞立强，张彩虹译．—长沙：湖南师范大学出版社，2010.7

ISBN 978-7-5648-0241-7

Ⅰ.①走… Ⅱ.①池…②卞…③张… Ⅲ.①池田大作—生平事迹

Ⅳ.①K833.137=5

中国版本图书馆 CIP 数据核字（2010）第 095385 号

走在大道上——我的人生记录（第二卷）

［日］池田大作 著 卞立强 张彩虹 译

◇策划组稿：陈宏平 何海龙
◇责任编辑：何海龙 胡亚兰
◇责任校对：蒋旭东
◇出版发行：湖南师范大学出版社
地址/长沙市岳麓山 邮编/410081
电话/0731.88853867 88872751 传真/0731.88872636
网址/http://press.hunnu.edu.cn
◇经销：湖南省新华书店
◇印刷：长沙瑞和印务有限公司

◇开本：710×1000 1/16
◇印张：11.75
◇字数：205
◇版次：2011 年 1 月第 1 版 2011 年 1 月第 1 次印刷
◇书号：ISBN 978-7-5648-0241-7
◇定价：36.00 元